金色旅程

弯丽君幼儿教育工作室发展共同体典型案例分析

弯丽君／主编

中国文联出版社

图书在版编目（CIP）数据

金色旅程：弯丽君幼儿教育工作室发展共同体典型案例分析 / 弯丽君主编. — 北京：中国文联出版社，2022.10

ISBN 978-7-5190-4993-5

Ⅰ. ①金… Ⅱ. ①弯… Ⅲ. ①学前教育—案例 Ⅳ. ①G613

中国版本图书馆CIP数据核字（2022）第188359号

编　　者　弯丽君
责任编辑　刘　旭
责任校对　吉雅欣
装帧设计　刘贝贝　李　娜

出版发行　中国文联出版社有限公司
社　　址　北京市朝阳区农展馆南里10号　　邮编　100125
电　　话　010-85923025（发行部）　010-85923091（总编室）
经　　销　全国新华书店等
印　　刷　北京四海锦诚印刷技术有限公司

开　　本　710毫米×1000毫米　1/16
印　　张　17.5
字　　数　315千字
版　　次　2022年10月第1版第1次印刷
定　　价　58.00元

编 委 会

主　　编：弯丽君

副 主 编：马　林　龚晓莹　张抗抗　赵丽敏

编　　委：（排名不分先后）

路雪萍　刘　娟　刘晓庆　孟　乐　徐　南　杨晓勤

赵　霜　李　哲　王伟琴　张　洁　张玉霞

目 录

第一章　名师工作室的愿景与支撑

第二章　名师工作室的成长路径

第三章　名师工作室回眸与感悟

附　录　名师工作室累累硕果

1

第一章

名师工作室的愿景与支撑

第一节　名师工作室制度、章程

弯丽君名师工作室制度

为加强对名师工作室的规范管理，更好地发挥名师工作室的示范、引领、指导和辐射作用，特制定本制度。

一、会议制度

每学期召开一次工作室计划会议、一次阶段性工作情况汇报会议和一次工作室总结会议。每月一次主题研讨活动会议。

二、学习研讨制度

坚持理论和专业知识学习，每月开展多种形式的学习研讨、实践探索、主题研究等活动不少于两次，每月撰写一篇教育教学笔记。

三、工作交流制度

主持人、成员和学员之间每星期要通过微信公众号、电子邮箱、QQ群等途径互通信息，交流教学教研开展情况，分享教育教学工作经验。

四、课题研究制度

主持或参加省、市级以上课题研究活动，每年上实验课一次以上，撰写教研论文一篇以上。

五、考勤制度

按时参加工作室组织的各项活动，原则上不准请假，若有特殊情况，须以书面形式向工作室主持人请假，不经常参加活动的按自动退出名师工作室处理。

六、考核制度

1. 考核内容主要包括工作室自身建设发展的情况、工作室在培训和指导教师方面发挥的重要作用、工作室在教育教学教研中取得的主要成绩等三个方面。

2. 每周期考核分为优秀、合格和不合格三个等级。考核为“不合格”者将撤销该工作室建制，考核为“合格”以上者将自动进入下一周期的工作室建设；考核达到“优秀”等级者，将予以表彰和奖励。

3. 名师工作室成员的考核由名师工作室负责人负责，主要依据成员培养方案考察其是否达到培养目标，分为年度考核和工作周期考核。年度考核不合格者予以调离名师工作室，同时可按有关程序吸收符合条件、有发展潜力的新成员进入工作室。

七、档案管理制度

工作室主持人、成员的计划、总结，听课、评课记录、实验课、公开课、研讨课、教案、教学设计、讲座、报告、论文、专著等材料，以学期为单位进行收集、归档、存档，为个人的成长和工作室的发展提供依据。

弯丽君工作室章程

第一条：名称

弯丽君工作室

第二条：性质

弯丽君工作室是教师开展教育交流的教师团体，与周边幼儿园结对帮扶工作相结合，管理上直接隶属于园长办公室，保教处协助管理。

第三条：入会条件

（一）拥护“名师工作室”。

（二）有加入本工作室的意愿。

（三）幼儿园或保教处等科室推荐。

第四条：权利与义务

（一）参加工作室的各项活动，享受应有的待遇。

（二）获取工作室各种资料，为工作室发展提出建议。

（三）根据成员需要，积极为成员提供专业成长的服务。

（四）定期举办主题讲座和交流会。

（五）外出培训，评优评先。

（六）会员有参与和离开的自由。

第五条：其他

（一）热爱教育，积极进取，加强协作、交流与合作，以教学为基础，以教研为导向，以培训为主线，以课堂教学为抓手，做一线教师力所能及的研讨，做提升专业素养的深度研讨，从而把幼儿园的教育不断引向高处。

（二）工作室的职责是：接受幼儿园委托，广泛收集教育信息、成果，广泛开展教育教学交流，最大限度地促进教师发展。

（三）工作室将根据成员表现予以表扬、奖励。

（四）工作室每届成员任期三年，每学期召开一次工作室计划会议，学期末召开一次总结会议。

（五）工作室成员的考核工作由保教处具体负责，主要从师德风尚、理论提高、教育教学能力、教研能力等方面考察是否达到培养目标，考核不合格者则调整出名师工作室。同时按有关程序吸收符合条件、有发展潜力的新成员进入工作室。

（六）建立工作室档案，并由领衔人监管。

（七）由园内提供适当经费，保证各项工作的有效开展，工作室所有经费由园内财政提供并监督管理。

中原名师弯丽君幼儿教育工作室
2015年7月

第二节　名师工作室六年的计划和总结

2015年弯丽君名师工作室计划和总结

2015年弯丽君名师工作室计划

依据河南省《中原名师工作室指导意见》的相关要求，在市教育局和漯河市市直幼儿园的大力支持下，成立了中原名师弯丽君幼儿教育工作室。依托学科特色，构建教师专业发展平台。以“专业引领、同伴互助、立足实践、崇尚学术、专题探究、技能提升、共同成长”为宗旨，以“理论与实践相结合、自主与交流相结合、学习与应用相结合、反思与提升相结合”为原则，以“专业引领、同伴互助、交流研讨”为基本形式，充分发挥对教师专业发展的指导、支持、提升和优化等功能，全面推动幼儿园教研和改革工作，促进教师专业化发展。将弯丽君名师工作室打造成为全省名师骨干教师的培育基地，助力全省、市教师队伍梯级攀升体系建设。

一、指导思想

根据上级文件精神，为充分发挥中原名师工作室的“示范、带动、引领、辐射”作用，对教师专业发展的指导、支持、提升和优化等功能，充分焕发学员自身的激情与智慧，关注个体差异，注重成员之间的取长补短，在合作中实现共融共长。按照理论与实践相结合、自主与交流相结合、学习与应用相结合、反思与提升相结合的原则，在课题研究、专题讲座、教学研讨、送教下乡等活动过程中，让工作室成员在互动交流中拓展，在群体研究中磨合，在实践反思中提升，逐步形成学有专长、教有特色、为人谦和、富有灵性的人格魅力，让弯丽君名师工作室真正成为名师成长的摇篮。

二、发展目标

启动工作室六年发展规划，工作室成员提交三年发展规划，为大家搭建平台，促使所有的成员在职业道德、专业知识和学术水平都能更上一个新台阶，教学能力与研究水平都能有明显改进，鼓励大家积极参加省、市级优质课及说课比赛，争取上升一个新台阶。

三、工作重点及措施

（一）建立健全工作制度、制定工作室发展规划

工作室成立伊始，在中原名师弯丽君的带领下制定了工作室六年发展规划，建立《弯丽君名师工作室工作制度》。

1. 建立健全考勤考核制度，工作室成员按时参加工作室各项活动，不无故请假，认真履行工作室规定的义务，按时保质保量完成各项工作任务。

2. 工作室各成员找准目标定位，切合自身实际书写个人发展三年规划，鼓励大家向专家型教师推进。

3. 初步确立教师培训计划，依据21位工作室成员的不同特点，实施分层培训。根据教师的不同需求提供帮助，工作室建立“师徒式”的培训方式，加强“师徒结对”工作的指导和管理，制订切实可行的结对计划。

（二）建立网络平台，优化资源共享

1. 建立工作室网站，创建工作室QQ群，创建资源库并上传工作室网站。

2. 加强网络资源的共享，优化网上研讨。利用网络平台，举行专业成长交流研讨活动，组织工作室成员根据自身的专业成长经历，认真总结，交流、相互分享成长经验，促进工作室成员更加主动自觉地学习，不断完善，成为学者型、专家型的优秀教师。

（三）加强学习，丰富理论素养

1. 思想是行动的指南，先进的教育理论是教学和科研的先导，而阅读、学习是提高修养有效的、必然的途径。工作室推荐至少3本书目，采取集中学习和分散自学相结合的形式，开展阅读、反思、读书交流活动，掌握教育教学规律、更新教育教学理念、把握最新的教育教学动态，在互相的分享、交流中共同学习、提高。

2. 立足教学实践，开展教研科研、课堂教学研究活动，提高教学实践能力。立足课堂教学第一线，聚焦课堂改革热点难点问题，研究课堂提高教育教学质量是名师工作室的重要任务之一，本学年工作室各位成员要积极参与以一课三研为中心的课堂教学模式探索与实践，做好教学反思工作。

3. 以工作室申报的省级课题《幼儿园区域活动环境创设适宜性的实践研究》为依托，遵照教育规律、儿童发展规律积极尝试改进自己的区域指导策略，逐步形成游戏化、灵动的、有趣的区域活动风格。

（四）拓展发展渠道，提高反思能力

1. 邀请知名专家前来授课，带领大家学习如何申报课题、如何选题以及如何书写立项报告等相关问题，现场为大家解疑答惑。

2. 带领大家积极参与教科研活动，并尽快成长为本园所学科领头人，能积极推动本园所教科研活动。作为工作室学员，要积极撰写教学随笔或教学反思，提高教研能力。

3. 积极开展以问题为导向的小而精的教科研活动，提高教学研究水平。教而不研则浅，本学年工作室组织成员通过听课、评课等活动提高组员教研能力，并开展一课多研等研讨活动，让大家在研讨交流中反思课堂活动本身的意义。提升老师们的反思能力以及教科研能力。

4. 工作室将计划寻求合适时机，积极“走出去”，聆听专家学者的讲座，突破自身学习瓶颈。领悟先进的教学理念，学习高效的实践经验，结合自身情况，多思考，多总结。预计学期末，每人交1—2篇案例反思及学习感悟。

以上是本学年的工作计划，2015—2016年我们会积极按照计划开展活动，并依据实际情况适当增加教学交流活动，做好本年度的工作。

弯丽君名师工作室

2015年2月

2015年弯丽君名师工作室总结

弯丽君名师工作室从2015年7月成立到现在已五个月。在这五个月里，弯丽君名师工作室在市教育局领导的关心下，在市直幼儿园班子成员的大力支持下，在全体工作室成员的共同努力下，紧张而有序地顺利开展了各项工作，跨过了一道道坎，把“创新”“创业”放在首位，凝心聚力谋划发展，在名师工作室的创建过程中，积累一些经验，取得了一定的成绩，开创了幼教新局面。

一、科学规划、明晰职责，多维度加强名师工作室建设

（一）借鉴成功经验 创建名师工作平台

2015年7月，弯丽君被河南省教育厅命名为中原名师重点培育对象，依据中原名师重点培育对象的成长要求，决定成立弯丽君名师工作室。为此，炎热的7月弯园长带领大家开始筹备弯丽君名师工作室的相关事宜，由于我们是漯河市首批名师工作室，姊妹园所没有这方面的经验可以借鉴，弯园长和名师工作室的骨干成员专程到漯河市第一职业中专省级名师工作室考察取经。我们在此学习了名师工作室建设的相关工作，特别是工作室的定位、发展及示范引领作用实现的路径。考察后，结合我园实际，倾心投入工作室的创建之中。从工作室成员的选拔，到办公地点的选择，再到办公场所环境的布置，以及工作室网站信息平台的建立，幼儿园一直给予最大的支持和帮助。市直幼儿园是1955年成立的老园所，办公资源比较紧张，领导还是给工作室提供了独立的办公地点，并添置了电脑、电视机、打印机、桌椅等设备。为拓展工作室成员的知识面，幼儿园为工作室购买了大量的图书和其他参考资料。同时又为每一位成员建立了业务档案，为名师工作室开展教科研工作创造了良好的条件。

（二）做好科学规划 详尽细化工作要点

名师工作室根据教办师〔2015〕482号和教师〔2015〕774号的文件要求，本着充分发挥名师的专业示范、引领、带动、辐射作用，加速教师专业化发展，培养造就更多的优秀教师，提高教书育人水平的目的，特制定了详尽的工作室六年发展规划。规划内容包括工作室指导思想、工作目标、工作要求、工作策略、成长途径等内容。其中工作目标是使工作室真正成为教师“研究的平台、成长的阶梯、辐射的中心、师生的益友”。工作要点包括：制定成员成长规划和自我发展规划；认真组织学习，提高理论素养；狠抓课堂教学，努力形成风格；积极从事科研，提高自身品位；实行导师培养和成员自主发展相结合的制度；利用名师工作室网站平台，建设教学资源库。为了落实好工作室的六年发展规划，进一步细化工作室的活动内容，在六年规划的基础上又讨论制订了具体的名师工作室年度工作计划。完善学员业务档

案，全面记录学习和培养过程开始，每半月定期召开工作室全体成员会议。明确各自的职责、任务及近期、中期和远期工作目标。

（三）明确成员职责 确保工作和谐高效

为加强对名师工作室的规范管理，更好地发挥名师工作室的示范、引领、指导和辐射作用，特制定工作室管理制度。其内容包括：会议制度、学习制度、考核制度、档案管理制度、图书管理制度等。

明确工作室成员的职责，弯丽君：名师工作室负责人，负责工作室的日常全面工作和课题申报研究工作；教师发展学校的建设；网站的管理及资料的上传。王丽亚：负责园本教材的开发；课题研究的过程管理；教师发展学校的建设。张抗抗、郑娟：负责园本教材的开发；课题研究的过程管理。马林：负责活动安排、会议记录、资料准备、档案管理及联络等，撰写工作室活动的通讯报道。徐南、路雪萍、刘娟等负责读书和精品课程建设等活动。每次活动由工作室成员轮流负责，提前精心策划、筹备、组织落实，每次活动结束后，要求每位成员撰写感想小结，不断总结出新经验、新成果。

二、重视名师队伍建设，着力示范引领与自身素养提升

（一）进行专题研讨，诠释“名师”新内涵

名师工作室的真正意义就在于其通过专业示范与引领，带动漯河市幼儿园教学水平的整体提高。8月召开了中原名师弯丽君名师工作室建设座谈会，主要就如何建设名师队伍、发挥名师引领、示范和带头作用，促进教师专业发展与成长，全面提升教师队伍整体素质等，畅谈体会，分析问题，明确任务。通过队伍建设，使幼儿园教师深深认识到名师是业务骨干，更是德才兼备的精英，要带好身边的年轻人；要严于律己，处处走在先，事事干在前；要不断学习、永葆业务青春和战斗力；要坚守初心，以良好的形象诠释“名师”。

（二）勤于专业研读，促进成员共同成长

加强读书学习，丰富自身内涵。全体成员加强理论学习，了解先进的教育理念、教育思想、教育方法和教学手段，掌握学科教育发展的新动态、新知识。苏霍姆林斯基说过“无限相信书籍的力量，是我的教育信仰的真谛之一”，为此，中原名师弯丽君为名师工作室成员精心挑选优秀的教育书籍，

如：《锁定十五年做一名出色教师》《儿童发展理论与应用》《教师专业共同体研究》等，鼓励工作室成员认真研读，提升自身整体素养。在读书过程中做读书笔记，以便日后更好地吸收与内化。

（三）多举措实施规划，促进教师专业化发展

在业务上重视对教师队伍的培养，促进教师专业化成长。弯丽君作为河南省名师，积极带领大家制订了教师培训计划，实施了分层培训，指导帮扶青年教师专业化成长，根据教师的不同需求，建立“师徒式”的培训方式。加强“师徒结对”工作的指导和管理，制订切实可行的结对计划。指导的工作室教师路雪萍、刘娟等一批青年教师迅速成长，逐渐成为幼儿园的骨干教师及省级教学名师。辅导她们执教的优质课获省级、市级一等奖。加强教师的科研培训，提高科研能力。采取搞好教科研和注重教育教学实际效果相结合的原则，多模式多内容地进行研修，拓宽了教师的科研视野，提倡青年教师积极参与教育科研，鼓励教师多出科研成果。

（四）以课题研修和学习反思为切入点，促进团队成员快速成长

为了提升成员的教科研水平，工作室积极吸纳幼儿园名师、省骨干教师加入，特聘华东师范大学硕士研究生、漯河医专心理学教授贺斌为团队学术顾问，专门进行科研指导。同时，根据科室成员的实际情况，积极搜集国内外有关资料，献策出力，确立了幼儿园科研课题《幼儿园区域活动环境创设适宜性的实践研究》。并写出了将近四万字的文献综述。在区域活动的组织实施方面，以“区域活动中环境创设适宜性研究”为主题，通过环创活动观摩交流、区域材料投放适宜性自查、组织全园性区域活动观摩等活动，优化自主化和个别化的学习活动，更好地满足每个幼儿自主探索、个体建构与发展的需要。

本学年名师工作室组织成员到北京、上海、成都、郑州等地参加专题培训，学习国内最前沿的教育理念和课程实施方案，不断开阔教师视野，拓展教改思路，创新教学工作。

三、以活动为创建载体，不断拓展名师工作室内外影响力

（一）开展系列研修活动，提升工作室创建的实效性

为了提高名师工作室各项工作的实效性，从2015年7月工作室成立至今，工作室主要开展了如下活动：

1. 7月26日，到漯河市第一中专实地考察学习第一中专名师工作室的建设情况。

2. 7月28日，成立弯丽君名师工作室，研究工作室的活动开展事宜，明晰工作室各成员岗位职责，撰写个人成长规划。

3. 8月16日，开展弯丽君名师工作室学术研讨活动，邀请市、区的幼儿园园长或业务园长研讨幼儿园区域活动环境创设的适宜性。

4. 8月24日，特聘华东师范大学硕士研究生、漯河医专心理学教授贺斌为工作室进行学术指导。

5. 8月26日，安排名师工作室六年发展规划，学习完善工作室的各项制度及规划。

6. 9月9日，安排交流读书活动。

7. 9月28日，进行名师工作室教育教学工作研讨。

8. 10月21日，安排名师工作室迎检考核方案。

9. 11月10日，市教育局朱科长来园指导工作。

每次活动前均事先制订好活动计划并安排专人负责，精心策划、筹备、组织落实活动各环节，并认真撰写心得体会。

通过上述工作，初步提高了名师工作室在市、区的知名度和对外影响力。

（二）承担外部专题讲座，提升团队成员的综合能力

团队成员积极承担培训任务，先后为漯河职业技术学院音乐系的幼师生做《如何做一名优秀的幼儿教师》和《幼儿教师应具备什么素质》的专题讲座，引领幼师生快速成长。为教师做《幼儿园教师该如何评课》《崇高的师德和爱心是从教之本》等专题讲座，引领教师专业化成长。为家长做《一定要重视幼儿的早期教育》《大班幼小衔接》等专题讲座，引导家长树立正确的育儿观念，促孩子愉快成长。另外，名师团队成员积极承担教师的岗前培训和教师一日生活的培训等任务，发挥名师的示范引领带动作用。

（三）及时更新网站，发挥工作室对外辐射功能

在漯河市教育信息网开辟了弯丽君名师博客，上传工作室的读书活动、教育教学研讨交流等信息，我们共享优秀的教育教学资源，使教学教研活动实现线上交流；工作室定期维护上传更新活动新闻和动态，使工作室成为幼儿教育教学的一面旗帜，对全市幼儿园教学教研起到了积极的影响。

四、精心谋划新阶段，培育工作室建设新亮点

（一）工作室成员的考评奖励要进一步加强

今后每年要进行一次阶段性考评，从敬业精神、业务学习、教育教学完成情况、论文发表、教学实绩等方面进行全面评价，今后将多给青年教师压担子，注重过程性评价和终结性评价。以目标达成度来鞭策青年教师树立竞争意识，激发全体成员的进取心。

（二）工作室活动的影响面要进一步扩大

明年要启动工作室送教下乡、送教进门，让更多的教师分享教学经验，让更多的孩子们也能享受到最优质的教育资源。

回首五个月来走过的道路，是充实与快乐。名师工作室这个团队呈现着极强的凝聚力和生命力。青年教师在工作室创建等系列活动中学到了经验，得到了提升；名师在传授时发现了不足，充实了自己。同时拉近了名师与青年教师之间的距离，青年教师积极主动地参与到教学研究中，名师也虚心听取青年教师的新的教育理念，工作室内形成了一股互帮互学、积极创新、共同前进的新气象。

展望下一段的工作，我们充满信心。工作室一定会立足本职，开拓创新，乘势而上，步入发展快车道，充分发挥名师的引领带动作用，为漯河幼教事业更好更快地发展做出应有的贡献。

弯丽君名师工作室

2015年11月

2016年弯丽君名师工作室计划和总结

2016年弯丽君名师工作室计划

2015学年弯丽君名师工作室在市教育局领导的关心下，在市直幼儿园班子成员的大力支持下，在全体工作室成员的共同努力下，紧张而有序地顺利

开展了各项工作，圆满地完成了开局之年的各项工作。为了更好地开展新一年的工作，特制订本学年名师工作室计划。

一、指导思想

根据上级文件精神，为充分发挥中原名师工作室的“示范、辐射、引领、带动”作用，探索形成“名师带徒”式模式，优化省市级名师教师的成就路径，注重精神引领，注重焕发学员自身的激情与智慧，注重个体差异，注重成员之间的取长补短，在合作中实现共融共长，让弯丽君名师工作室真正成为名师成长的摇篮。

二、发展目标

名师工作室的所有成员在道德情操、专业知识和学术水平都能更上一个新台阶，教学能力与研究水平都能有明显改进。在本年度的高效课堂展示活动以及市级观摩活动中积极展示、获得奖项，争取上升一个台阶。创造外出学习机会，拓宽研究视野。聚焦热点、难点问题，深入开展教学研究。

三、工作重点及措施

（一）加强学习，夯实理论，提升综合素养

1. 继续倡导自主学习与阅读指导相结合。工作室向大家推荐《走出困局做幸福教师》《给教师的100条建议》等书籍供学员学习。每学期工作室成员研读1本教育教学类书籍，并结合各自学校和自身教学实际，撰写教育随笔，学期结束时进行交流。通过个人自修、交流研讨等多种形式，提高学习效果，提升自己的教育认识。

2. 继续倡导自主训练与交流展示相结合。每位成员都要注重教学基本功的训练，查找自己在写作、说课、上课等方面的差距，主动寻找补差的方法，提升自己的专业综合素质，积极创造条件参加省、市级各项比赛，努力争取锻炼的机会。

3. 继续倡导专心聆听与深入反思相结合。工作室将邀请省内著名幼教专家讲学，定期组织专题研讨，成员们要用心领悟先进理念，学习有效的操作经验，及时提出疑问或困惑，努力寻找发展的新途径。

4. 创造外出学习机会，拓宽研究视野。创造机会让学员外出参观、学

习，学员除了每学期到省内名园进行观摩学习，参与教学研讨外，还选派外出学习或参加其他地区的教研活动，这样工作室成员除了教学研究，还了解到其他幼儿园的办学理念和办学特色，了解每个地方的风土人情和人文气息，感受学习的过程，也感受生活的美好。

（二）聚焦热点，难点问题，深入开展教学研究

1. 深入开展课题研究。根据工作室省级课题“提升幼儿园区域活动环境创设适宜性的实践研究”上一阶段的研究情况进行深入的开展，结合课题研究，每学期开展两次以上的专题教学研讨活动，通过交流、分享、研讨，进一步探讨行之有效的研究方法和途径，以确保课题研究取得良好成果。

2. 深入开展主题研讨活动。工作室开展一年两次集中研修活动。坚持以学员及其园所教师共同关心的教育教学热点、难点问题开展主题研讨与培训活动，聚集群体智慧，探讨解决教育教学真问题。

（三）利用QQ等网络平台，促进工作室成员专业化发展

1. 结合个人三年发展规划，开展师带徒自愿结对活动。给大家更多的讨论学习的机会，鼓励大家打破瓶颈实现自身专业化发展新路径。

2. 丰富工作室资源库，利用工作室网站的资源库给大家推荐丰富的学习资源，供大家学习、探讨。成员们利用各自特长，互相提供信息，实现资源共享。同时充实网站内容，为更多的同行服务。

（四）积极做好教学引领，进行阶段成果展示

1. 每位工作室学员在本园内结对指导1—2名青年教师，引领她们专业成长，促进其在园级以上公开课、观摩课或教学技能比赛中获奖。

2. 尝试对工作室成员园所的薄弱教研组进行帮扶指导。

3. 通过与本区、市的名师工作室联动开展学术论坛，将研究成果与同行分享、交流，实现名师工作室的辐射、示范、引领、带动作用。同时，促进本工作室成员的专业能力跨上新台阶。

本工作室将在本年度实实在在开展活动，加大了对本市以及其他幼儿园的辐射、引领。进一步体现工作室在教育教学、教学研究方面的指导功能。

弯丽君名师工作室
2016年2月

2016年弯丽君名师工作室总结

为提升教师专业发展，本年度通过示范教学、听评公开课、现场指导、送教下乡等形式，努力提高工作室成员的保教活动组织能力、听评课能力、教科研能力。发挥了示范、指导、辐射、带动作用，圆满完成了各项预定工作任务。现将工作总结如下：

一、重视实践，发挥工作室引领示范作用

为提高漯河市学前教育质量、提升骨干教师教科研能力，工作室积极吸收省、市级示范园的骨干教师作为名师工作室成员。带领大家积极开展了公开课、示范课、研课说课活动，通过本次活动，有数名教师的观摩课被推选为市级优质观摩课，受到领导和观摩教师的一致好评。几位年轻教师在自己园所的观摩课活动中也脱颖而出。

为了起到示范、辐射作用，弯丽君园长带领工作室成员开展了“送教下乡”“送教进门”活动，把研讨出的好课程、先进的教学理念送到乡镇幼儿园去，本次活动受到了乡镇幼儿园的热烈欢迎，活动结束，执教老师还为听课教师解疑答惑，拓宽了乡镇教师的授课思路，提升了她们的教育教学理念。

二、重视学习，提高学员的专业理论素养

词人黄庭坚说：“三日不读书，便觉得语言无味，面目可憎。”作为一位幼儿教师、一位全科教师，更应该多读书，读专业的书，读经典书目，才能解答孩子的“十万个为什么”，才能提高自身的理论素养和专业能力。本学年工作室积极开展读书活动，不仅推荐给大家书目，引领大家自学。另外，3月组织了读书交流活动，大家积极分享感悟，探讨书中的理念和观点。活动现场讨论激烈，可谓是“唇枪舌剑”、妙语连珠。精彩的分享既是大家读书的推动器，又大大提升了大家的口语表述能力和理论素养。

读书活动之后，大家还写了读书笔记、读书感悟，工作室负责人从中挑选经典篇幅上传网络，资源共享。

三、创造外出学习机会，拓宽研究视野

本学年，弯园长积极联系省内外知名专家学者，创造机会让更多工作室成员外出参观、学习，大家除每学期到省内名园进行观摩学习，参与教学研讨，送派外出学习或参加其他地区的教研活动，使我们除了教学研究，还了解到其他幼儿园的办学理念和办学特色，了解每个地方的风土人情和人文气息，感受着学习的过程，也感受到生活的美好。

四、充分利用网站平台 分享资源共同成长

工作室里人才济济，为了能够更好地把资源共享，弯园长带领大家尝试总结更多的文字内容，把大家的生成课程、活动设计、说课稿、反思、活动视频以及专业研修资料（教学研讨、课题研究等）通过工作室网站及时分享，通过评论区积极与同行们探讨交流，促进了资源的共享。

以上是本年度开展的工作，我们继续研修的路还很长，我们这一群人，一定会一条心、一起走，不断努力，不断探讨学习，总结走过的路，展望前面的路，积极大步地走在幼教领域的最前沿，创新、学习、研讨、引领、积淀，为漯河学前教育奋力向前。

弯丽君名师工作室

2016年12月

2017年弯丽君名师工作室计划和总结

2017年弯丽君名师工作室计划

为深入贯彻《河南省教育厅关于深入推进中原名师培育工程的通知》精神，落实中原名师培育工作的各项目标任务，特制订本学年名师工作室计划。

一、指导思想

依据市教育局相关文件精神，坚持理论与实践相结合、自主与交流相结合、学习与应用相结合、反思与提升相结合的原则。依托弯丽君名师工作室平台、利用工作室资源，聚焦学前教育中的重点、热点、难点问题开展研究，努力发挥工作室先行实践、交流研讨、示范引领的作用，不断促进工作室成员教师的专业发展，切实履行名师工作室在学科教学上的“示范、辐射、引领”作用，为全市学前教育的发展贡献一份力量。

二、工作目标

1. 开展省级名师、骨干教师集中培训活动，以培训促学习，以学习促提升，引领工作室全体成员和新加入成员积极投入学习，借助读书交流和科研课题研讨活动，充分发挥工作室研究共同体的作用，提高理论基础，提高对教育的理解和认识。引领学员学习先进教育教学理论，时刻更新观念，力求走在幼教教育教学理论的前沿。

2. 借助区域活动观摩、读书交流以及送教下乡等活动，通过成员们一起研究课堂，聚焦课堂教学，促进其进一步提升，针对每位成员的特点和特长，帮助他们总结和提炼教学风格和研究特色。

3. 结合幼儿园安全工作的重要性，依据安全课程的实施以及开展的安全教育活动、一日活动各个环节的安全，进行文字总结，为出版安全教育书籍做准备。

三、具体措施

1. 工作室成员制订年度计划。每个成员对照制订的三年成长计划，从专业提升、课题研究、论文参赛、做公开课、科研课题研讨等方面制订详细计划。带领各地市骨干教师、名师及教师开展专题引领、观课评课、同课异构、影子跟岗、听课观摩活动。

2. 举办中原名师刘梅、符丽和弯丽君幼儿教育工作室联盟活动，邀请学前教育知名专家前来讲座，省级名师、骨干教师集中研修活动。

3. 开设教学示范课。组织老师开展送教下乡活动，通过活动把先进的教学理念送到村镇幼儿园，结合村镇幼儿园的需要开展五大领域活动的理论培训和教学指导。发挥工作室的辐射、引领作用。

4. 开展“我们共读一本书”读书交流活动，引领大家谈感悟、写反思，大家相互碰撞交流，让读书成为一种习惯，让习惯化为一种精神，让精神凝聚成一种思想，让思想引领我们的行为。把工作室打造成大家爱学、乐学、善思的精神家园。

5. 组织网上学习，交流心得。积极参与论文评选活动。鼓励大家在省级以上期刊上发表高质量论文。

6. 启动安全教育书籍的出版计划，召开小组会议，在人员分工上，明确各个工作室负责人的任务职责，要定期跟踪文字撰写的实施进度，检查阶段性成果，对汇编的安全儿歌、安全课程、活动的成果进行梳理，为汇总编辑做准备。

本年度，工作室将用实实在在的行动，加大对本市其他农村园所的辐射功能，进一步体现出工作室在教育教学、教学研究方面的指导价值。根据上级的要求与安排开展送教活动，择机开设有关教育教学与研究方面的专题讲座，积极建设好工作室网站上传工作室的研究成果和工作室的最新动态，真正实现资源共享。

弯丽君名师工作室

2017年2月

2017年弯丽君名师工作室总结

本学年在中原名师弯丽君的带领下，积极落实中原名师培育工作的各项目标任务，以活动为载体，积极带领教师开展课题研究，以同课异构、观摩活动，在学习与实践、反思与议课中，实现共同成长、共同进步。现将本学年工作总结如下：

一、落实计划、规范管理

在本学年的工作中，每位成员依照自己的三年规划，朝着既定的目标前行。大家都积极参与活动、及时写下工作总结、教育反思和感悟。工作室负责人还把大家讨论的精彩语段上传到网络平台供大家查阅和借鉴。

认真做好工作室的档案管理。工作室派专人负责，对工作室的各种资料，包括每次活动中的方案策划、文字撰写、资料整理、美篇编辑、总结上传、会议记录、相关文件、活动开展、课题研究、影音资料等，一一整理归档，汇编成册，确保材料齐全。

二、加强学习，积淀提升

1. 为了促进工作室成员的文化素养和专业理论水平的提升，帮助大家提高学习的有效性，工作室在期初工作会议的时候为每位成员准备了精致的笔记本，便于摘录和分享《幼儿教育》《早期教育》《学前教育》等核心幼教刊物的学习内容，同时引领成员根据自身需求及专业困惑通过阅览经典教育论著、上网学习的方式进行自主研修，并认真撰写读书笔记和读书心得，有力促进了工作室成员文化素养的提升。

2. 共读一本书活动。期初，工作室为每位成员和结对子教师共同学习研讨《基础教育教学课题研究十八问》一书，并将此书赠送给每一位教师。要求每位教师认真阅读，于期末工作总结会上分享交流各自的心得，通过读书分享会，提高了理论书籍阅读的有效性。

三、教学研讨，促进成长

为提升教师的教育教学水平，工作室结合每一次的送教下乡活动，召集全体成员并邀请弯园长指导对送教的每一堂活动进行反复的磨课、研讨，探讨教学新路子，达成共识，将《指南》精神落实到实处，提高集中教学的有效性。在反复的研讨过程中，不管是执教的教师还是听课的教师，都是锻炼，促进了教育教学水平的提升。

四、课题研究，共同提升

2017年6月20日工作室就大家棘手课题答辩问题，特意邀请了杨伟东、梅纳新、贺斌三位专家教授，现场模拟课题答辩，专家现场点评三位老师课题答辩中出现的问题以及困惑。现场聆听的市级幼儿园的骨干教师纷纷表示，本次活动不仅长了见识并且学了知识。让大家有了做课题的信心和勇气。

五、集中研修 共促成长

1. 2017年6月19日至22日，弯丽君名师工作室开展了集中研修活动，活动中弯丽君园长围绕《区域活动环境创设》，杨伟东主任开展了《课题ABC》，刘振民教授进行了《结构化区域活动设计》等专题讲座，同时还进行了同课异构《我家小池塘》活动，现场观摩之后，梅纳新专家对本次同课异构活动进行了精彩点评。现场观摩老师被有效的师幼互动，活动巧妙的选材、新颖的设计、扎实的教学功底和精彩的课堂教学，专家的解疑答惑深深吸引，深受启发。接下来进行的影子跟岗——区域观摩活动，更是让大家大饱眼福，大家纷纷表示非常实用，这样的理论与实践相结合的活动受到老师们的热烈欢迎。

2. 2017年11月21日至25日，中原名师刘梅、符丽、弯丽君幼儿教育工作室联盟的成员和学员们，来自全省11个地市的43位省级名师与骨干教师培育对象、周口市6个市级名师工作室成员共计120多人齐聚周口市实验幼儿园，参加了第二次集中研修活动。河南省教育厅基础教研室课题管理办主任杨伟东给学员们做了有关课题研究的参与式培训，河南省教育厅基础教研室幼教科室主任李丽以《幼儿游戏活动中的行为观察与记录》为题做了专题讲座。浙江师范大学姜根华教授做了《教师成长的十个关键词》的报告。

3. 同课异构活动中，来自三个名师工作室的学员根据同一个主题《有趣的冬天》分别设计了三节集体教学活动，刘艳艳老师的综合活动《下雪了》，崔爱红老师的科学活动《冬天的取暖工具》，邱艳霞老师执教的大班语言《雪地里的小画家》，三位老师从不同层面让孩子们了解幼儿的冬天。活动后，老师们畅所欲言发表自己的见解和看法，各抒己见。最后，名师刘梅和符丽从专业的角度进行了综合点评，肯定了她们的优点，并指出大家值得反思的问题。

“路漫漫其修远兮，吾将上下而求索”，在今后的工作中，我们将继续努力，以名师的人格魅力和教育水平引领团队成员向更高台阶迈进。

弯丽君名师工作室

2017年12月

2018年弯丽君名师工作室计划和总结

2018年弯丽君名师工作室计划

为深入贯彻《河南省教育厅关于深入推进中原名师培育工程的通知》精神，落实中原名师培育工作的各项目标任务，为了更好地推进新学年工作，特将工作室本年度工作计划安排如下：

一、指导思想

以《规程》《纲要》为指导，坚持理论与实践相结合、自主与交流相结合、学习与应用相结合、反思与提升相结合的原则，努力发挥工作室先行实践、交流研讨、示范引领的作用，不断促进工作室成员教师的专业发展，切实履行名师工作室在学科教学上的“示范、辐射、引领、带动”作用，实现优质资源共享、促进教师专业成长、提高教育教学质量，为推动全市幼教事业做出新的贡献。

二、工作目标

1. 通过理论书籍学习，提倡每人研读5本幼教书目，反思撰写心得、交流思想观点，持续更新与提高工作室成员的教育教学理念。

2. 以问题为导向，积极开展教学网络研修、实践研讨，使工作室成员在实践中得到锻炼、获得提升。

3. 工作室通过参与各级专题教研活动、下乡送教活动进一步梳理总结、实践推广。

4. 结合开展专题微课、专题分层练习的编制、研究工作，积累一部分实践和研究成果。

三、主要活动设想及措施

1. 加强学习，提高理论业务素养。在各成员个人征订教学刊物杂志的基础上，工作室推荐至少5本书目，采取集中学习和分散自学相结合的形式，开展阅读、反思、交流活动，掌握教育教学规律、更新教育教学理念、把握最新的教育教学动态，在互相的分享、交流中共同学习、提高。工作室还计划寻求合适时机，积极“走出去”，聆听专家学者的讲座，突破自身学习瓶颈。

2. 立足教学实践，开展教研科研、教学研究活动，提高教学实践能力。立足教学第一线，聚焦教育改革热点难点问题，提高教育教学质量是名师工作室的重要任务之一。工作室各位成员要积极参与教学模式探索与实践，以工作室的省级课题为依托，遵照教育规律、学习规律、幼儿发展规律积极尝试改进自己的教育教学，逐步形成高效、灵动、扎实的教学风格。

3. 积极开展以问题为导向的小而精的教科研活动，提高教学研究水平。

4. 教而不研则浅，工作室将继续组织成员通过听课、评课、磨课等活动，获取第一手资料，撰写教学案例，促进自身专业成长，开展专题微课，提升教师教科研水平。全体成员需积极撰写教育教学论文、案例反思，每人一年至少有一篇教学论文，获市级以上奖励或在正式教学刊物发表。

5. 我们将通力协作，以饱满的工作热情投入到教科研工作中，充分展示名师工作室成员的风采，力争为漯河市的幼儿教育改革添上浓墨重彩的一笔！

弯丽君名师工作室

2018年2月

2018年弯丽君名师工作室总结

在教育局领导的亲切关怀下，弯丽君工作室全体成员以课程改革为方向，以促进教师专业成长为目标，弯丽君名师工作室全体成员积极工作，依据学期初的各项工作计划，本学期开展了丰富多彩的活动。特将工作总结如下：

一、专家讲座指方向，拓展视野厚积淀

今年的研修活动，来自全省的12位教师省级名师、骨干教师培育对象以及工作室全体成员参加了开班仪式。名师工作室主持人弯丽君做了《区域活

动环境创设与材料投放》的专题讲座，从区域环境的设置、材料的投放，以及教师评价与老师们进行了分享交流。精彩的分享让在座的老师们和工作室成员都收获满满。

开封市教研员、学前云教研创办人刘振民，做关于《基于幼儿自主学习自主管理的区域设计、材料投放与教师指导》的讲座，刘老师用风趣幽默的语言、大量生动的案例为在座的老师们分析了目前我省区域活动的组织与实施中存在的问题，并用通俗易懂的语言对区域设置的要领、材料的投放原则、指导方法给了具体可行的方案。此次讲座不仅为在座的每位教师留下许多思考，同时也给老师们在以后的区域活动组织与实施中找到了正确方向。

二、课题研究练真功，研修活动促落实

落实中原名师培育工作的各项任务，中原名师弯丽君幼儿教育工作室于研修活动的第二天，开展了省名师省骨干教师"课题答辩"集中研修活动。

来自全省的12位省级名师骨干教师培育对象以及工作室全体成员、市直幼儿园部分老师参加了当天"河南省省级课题立项答辩"的活动。弯丽君名师工作室特邀河南省基础教研室科研课题管理办公室主任杨伟东、郑州幼专教学部主任梅纳新、河南大学硕士研究生导师贺斌担任评委，共有五位学员进行省级课题答辩，三位专家评委现场对课题题材的选择、题目精准的定位、内容的确定以及适宜的研究方法进行了专业、具体的指导，并给出了建设性的调整和修改意见，让在座的学员和工作室成员都收获满满。

三、同课异构提能力，砥砺思想促提升

研修活动的第三天，由三位学员进行了"同课异构"课堂展示，执教者在《指南》《纲要》的指导下设计以幼儿为主体的课程，每节课都重视让孩子在轻松、自由的环境中感受诗歌的内容和意境，真正体现了语言教育活动的价值，也把以"儿童为本"的理念落实到活动的每一个环节中，让大家清楚地看到不同的教师对同一主题内容的不同处理，不同的教学策略所产生的不同教学效果，彰显了教师的教学个性和深厚的教学功底，受到了评委的高度赞扬。

在研修成员的积极参与下，每一项研修活动都收到了实实在在的效果。在同课异构的过程中，话题大至纲要的解读、教学内容的选择、教学目标的

确定、教学设计的优化，小至课堂教师的投入度、驾驭力、适宜的课前导入、积极的课堂评价用语。研修活动展示了工作室成员课堂观察能力及评议能力，砥砺了大家的教学智慧，让大家思维的触觉更加宽广与敏感。

四、示范观摩展才情，交流辐射显情怀

本次学期我们组织了区域观摩和示范课观摩活动。参加活动的除了来自全省的学员，还有全省、全市80多位一线教师也参加了当天的活动。观摩活动主要有两个内容，前半时进班观摩区域活动，后半时由弯丽君名师工作室成员“河南省名师”路雪萍展示一节健康教育活动《赶走不开心》。活动结束后弯丽君主持了学员分享交流活动，大家通过点评不仅提高了反思能力，更重要的是感受到了幼儿心理健康教育的重要性，纷纷表示回去以后要从自己做起，重视幼儿的心理健康教育。

参训学员纷纷表示，本期培训时间虽短，但收获颇丰。专家讲座为她们提供了理论基础，交流研讨为她们教育实践做好了铺垫，观摩示范课为她们提供了优秀的教学范例，区域观摩使她们领略了名园的风采。并表示将所学的知识主动运用到实际工作中去，以便更好地为孩子们服务，为学前教育做出新的贡献。

弯丽君名师工作室

2018年3月

2019年弯丽君名师工作室计划和总结

2019年弯丽君名师工作室计划

2018年通过专家讲座、跟岗观摩、观课评课等活动提高了教师对专业思考的深度和宽度，提升教师的理想信念和教育情怀，通过读书和写作，进一步完善自身结构等多方面与老师们进行了分享，让参与的老师们和工作室成员都进一步开阔了视野，拓宽了思路，找到了差距，得到了提高，大家都纷

纷表示收获满满。为了更好地开展新学年的工作特将计划安排如下：

一、指导思想

依据市教育局相关文件精神，坚持理论与实践相结合、自主与交流相结合、学习与应用相结合、反思与提升相结合的原则。依托弯丽君名师工作室平台、利用工作室资源，聚焦学前教育中的重点、热点、难点问题开展研究，努力发挥工作室先行实践、交流研讨、示范引领的作用，不断促进工作室成员教师的专业发展，切实履行名师工作室在学科教学上的“示范、带动、辐射、引领”作用，积极落实立德树人的根本任务，为全市学前教育的发展贡献一份力量。

二、工作目标

1. 名师工作室根据本工作室在教育教学方面确定的研究方向，每个成员围绕课题依托课堂教学开展有效的行动研究，及时交流个人研究情况，注重研究过程资料的积累、成果的总结与应用。

2. 增强工作室工作的服务意识，健全充满活力、富有效率、更加开放的工作室工作机制，使工作室的活动规范化、制度化、科学化。区域内以“名师工作室”为载体进行教师专业发展培养，效果明显、特色鲜明。

3. 以工作室为研讨交流的平台，由弯园长带领工作室成员以开设公开课、示范课、专题讲座、研讨会、名师论坛等形式示范、辐射，推动幼儿园的区域活动快速发展。

三、具体措施

1. 注重团队研修、开展有效的行动研究。落实团队研修“周会月聚”工作设想。通过“周会月聚”的有效互动，促进团队成员的专业提升。

2. 坚持读书交流活动。工作室成员要积极参与学前教育的前沿理论与课程改革理论等读书活动结合，在园所举行“书香四溢十分钟”分享活动，做好读书笔记并交流心得体会，以同伴互助的方式实现成员的共同成长。

3. 开放区域活动，邀请省级示范园所教师来园观摩研讨。促进区域活动的开展和深层次的推进，提升名师工作室成员的观察能力、引导幼儿的游戏能力。从而能够起到辐射、引领园所区域活动的作用。

4. 送教下乡。根据“国培计划（2019）”相关文件精神及教师〔2019〕515号文件，结合上蔡县学前教育发展情况及幼儿教师实际需求，开展送教下乡培训活动，以送教下乡培训带动校本研修，创新乡村教师培训模式，提升乡村教师培训实效。

5. 开展同课异构活动。预计12月，弯丽君名师工作室与刘梅、符丽名师工作室联盟开展“爱祖国，爱家乡”同课异构活动，引导工作室成员及与会教师深入探讨高效课堂的教学方法，学习解读幼儿教育活动，真正体现以幼儿为主体的自主探究的教学方法，提高老师们的专业敏感度。

6. 课题研究。本年度工作室围绕幼儿园日常安全管理，承担了省级重点课题“幼儿园日常安全隐患与管理策略的实践研究”科研课题。在研究过程中，以工作室为平台，以全体成员的智慧为依托，发挥集体的力量，积极开展教学实践。预计2020年9月结题。

通过本工作室计划的实施，培养一批具有先进理念和较强教学技能的优秀教师，带动一批青年教师，促进其专业成长。同时，将为幼儿园教师的专业化发展提供一个很好的有力支点，将有助于园本研训的实施和完成，具有较好的示范意义和推广价值。

弯丽君名师工作室

2019年2月

2019年弯丽君名师工作室总结

2019年度弯丽君名师工作室全体成员在中原名师弯丽君的带领下，团结一心，不断进取，开展了一系列扎实有效、富有创造性的工作。认真学习、潜心研究、不断进步，圆满地完成了既定的阶段目标。在团队建设、成员培养、教育科研、教育培训、送培送教、辐射、引领等方面都取得了可喜的成绩。

一、示范引领，发挥作用

1. 教学引领。工作室充分发挥本室骨干教师优势，以教育教学为中心，通过“名师结对”“送教下乡”“名师讲坛”“主题教研”等活动，引领青年教师更新教学理念，提高教学能力。根据“国培计划（2019）”相关文件精神及教师〔2019〕515号文件，结合上蔡县学前教育发展情况及幼儿教师实际需求，开展送教下乡培训活动，以送教下乡培训带动校本研修，创新乡村教师培训模式，提升乡村教师培训实效。

围绕幼儿园五大领域开展主题培训，支持组建县域内外专家团队对薄弱幼儿园进行指导。帮助上蔡县打造一支由教研员和幼儿园一线骨干教师组成的县级幼儿教师培训团队，能够承担起上蔡及辖内乡镇幼儿教师培训任务；通过磨课、研课、评课等活动提升教师课堂教学能力。对其中优秀的示范课、小讲座进行打磨，形成优质培训资源，帮助建立上蔡县培训资源库。

2019年12月，弯丽君名师工作室与刘梅、符丽名师工作室联盟开展“爱祖国，爱家乡”同课异构活动，活动目标明确，主题突出，引导工作室成员及与会教师深入探讨高效课堂的教学方法，产生了解读幼儿教育活动、运用教育、拓展教育的自觉性，必要性、有效性，真正体现以幼儿为主体的自主探究的教学方法，提高了老师们的专业敏感度。工作室的联盟研讨活动，有现场观摩，有现场参与老师评课，有国内知名专家的专题讲座，承办活动的单位和参与活动的老师都表示，这样的活动实际效果好，老师们得到了真正的收获和提升。

2. 课题研究。2019工作室围绕幼儿园日常安全管理，承担了省级重点课题“幼儿园日常安全隐患与管理策略的实践研究”科研课题。在研究过程中，以工作室为平台，以全体成员的智慧为依托，发挥集体的力量，积极开展教学实践。2019年9月，弯丽君名师工作室成功举办了幼儿园安全教育展示观摩活动，将我们的研究成果推广给更多的老师，发挥了名师工作室的辐射、引领、带动作用。

3. 开展燃梦行动、阅读打卡活动。

4. 根据名师工作室教师们的需求，利用名师工作室的CCtalk平台，邀请名家开展语言领域方面的专题讲座。

5. 以网为媒，资源共享。弯丽君名师工作室开通了CCtalk网络平台，在幼儿园网站中有“自留地”，并建立弯丽君名师工作室微信公众号和学习交流微信群使之成为工作动态发布、成果辐射推广和资源生成整合的中心。通过互动交流，实现优质教育教学资源的共享。

二、善于学习、智慧同行

一个人走得很快，但一群人走得更远，工作室的成员来自不同学校的骨干教师，这为老师们提供了相互学习、提升的机会。彼此间聆听着同伴们的“论坛”，相互分享教学智慧，不断提高业务水平。通过相互观课、评课、磨课，取得良好效果，把教研效益扩大化，真正起到优质资源辐射作用。

三、不忘初心，砥砺前行

在上级领导的关怀与指导下，在工作室全体成员的努力下，工作室已出现成效。自工作室成立以来，每一位成员都积极参与活动，积极完成工作室布置的每一项研修工作，热情高，效果好，整个团队呈现着极强的凝聚力和生命力。工作室内形成了一股互帮互学、积极创新、共同前进的新潮流。

总之，一年来，弯丽君名师工作室引领一批青年教师，推出一批科研成果，带领全体老师向着“谋求专业高位发展，享受教育幸福人生”的美好愿景一路同行！

弯丽君名师工作室

2019年12月

2020年弯丽君名师工作室计划和总结

2020年弯丽君名师工作室计划

2019年弯丽君名师工作室与多家幼教工作室联盟，邀请幼教知名专家开展研讨、讲座活动，大家磨砺思想、分享经验、提高技能，再次将研修活动推向高潮。送教下乡、读书交流活动，让示范引领落实高效；以活动促发展、以学习促成长。在接下来的工作计划中，我们还将砥砺前行。

一、指导思想

依据市教育局相关文件精神，坚持理论与实践相结合、自主与交流相结合、学习与应用相结合、反思与提升相结合的原则。依托弯丽君名师工作室平台、利用工作室资源，聚焦学前教育中的重点、热点、难点问题开展研究，努力发挥工作室先行实践、交流研讨、示范引领的作用，不断促进工作室成员教师的专业发展，切实履行名师工作室在学科教学上的“示范、辐射、引领、带动”作用，积极落实立德树人的根本任务，为全市学前教育的发展贡献一份力量。

二、工作目标

1. 以研修促提升。工作室将扎实开展专业研修活动，个人研修与团队研修相结合，认真制定与落实研修制度，努力提升团队成员的专业素养。

2. 以活动促成长。开展线上注重疫情防护知识普及，让幼儿和家长正确认识和有效预防新型冠状病毒肺炎，家园共育，让居家时光更有意义。弯丽君名师工作室将积极响应教育部停课不停学的号召，组织“名师工作室教学研讨线上研讨活动”，借助CCtalk平台，开展“‘疫’战到底‘幼’创佳绩线上公益课堂”活动，促进团队成员的专业成长。

3. 以写作促成长。写作是阅读、思考和实践的结晶，也是提升教师个人专业素养的一种方法。今年名师工作室借召开《幼儿园幼儿安全习惯培养实操手册》专著的体例架构说明会之际，邀请刘振民主任、贺斌教授等专家进行指导，预计2021年5月之前出版发行。

4. 阅读沁润、分享成长。为合理有效利用“特殊的居家时光”借助网络平台，提高团队教师队伍整体素质和教育教学技能，营造浓厚的阅读氛围，养成良好的阅读习惯，综合提升名师工作室的软实力。

三、具体措施

1. 借助《幼儿园日常安全隐患与家长沟通策略》专著研讨活动会，名师工作室邀请了杨伟东、王海东、贺斌、岳亚平等专家学者进行教师专业写作的指导，提升教师写作的信心，遵循专家学者的指导和建议，严谨细致地进行写作。

2. 落实省教育厅《关于疫情防控期间做好全省中小学教师教育教学工作的通知》，做好"延期不研训""延期不延学"新冠肺炎疫情防控时期的线上教师教研培训活动。培训内容包括：幼儿园开园前后的疫情防控及卫生保健、幼儿安全教育、幼儿生命健康教育、幼儿心理健康教育、教科研、区域活动、课程评价、教师专业化发展等。

3. 书海遨游拾贝，阅读沁润人生。名师团队带领全体成员开展了线上读书分享沙龙活动。每位老师在阅读之后，及时做好读书笔记，并用批注的形式直接记录在书本上，每位教师都根据自己阅读的书目结合自己所思所悟撰写了读后感，并及时上传到弯丽君名师工作室公众号上。

4. "生活是最好的课堂"，为了让孩子了解防疫知识，体验游戏的乐趣，增进亲子感情，培养了幼儿良好的生活学习习惯，让疫情防控期间的"特殊居家时光"变得更有意义。弯丽君名师工作室将携手家长开展了安全教育、亲子共读、亲子游戏、生活习惯养成等家园共育系列课程。

本年度，工作室将用实实在在的行动，特殊时期将利用网络平台，积极推进家园共育、教科研、专业化成长等工作。进一步体现出工作室在教育教学、教学研究方面的指导价值。将"延期不研训""延期不延学"工作落到实处。

弯丽君名师工作室

2020年3月

2020年弯丽君名师工作室总结

2020年新冠肺炎疫情肆虐，按照上级主管部门要求，认真贯彻落实习近平总书记系列重要指示、批示和全国疫情防控工作电视电话会议精神，落实省教育厅《关于疫情防控期间做好全省中小学教师教育教学工作的通知》，做好"延期不研训""延期不延学"新冠肺炎疫情防控时期的培训工作，促进幼儿园教师专业成长。

一、专业写作促成长

写作是阅读、思考和实践的结晶，也是提升教师个人专业素养的一种方法。为此，2020年1月，我们召开了《幼儿园幼儿安全习惯培养实操手册》专著的体例架构说明会，邀请刘振民主任、贺斌教授等专家进行指导，“宝剑锋从磨砺出，梅花香自苦寒来”，历经10个月，在大家的共同努力下，完成了13万多字的书稿，现已和华东师范大学出版社签订了协议，预计2021年5月之前出版发行。

2020年12月24日，《幼儿园日常安全隐患与家长沟通策略》专著研讨活动会在漯河市金凤凰大酒店召开，邀请了杨伟东、王海东、贺斌、岳亚平等专家学者进行教师专业写作的指导，参会老师纷纷表示，一定遵循专家学者的指导和建议，严谨细致地进行写作。

二、引领家长，让幼儿的居家时光更有价值

“生活即教育，社会即学校。”因为疫情让幼儿的假期变得“难熬”而“漫长”。注重疫情防护知识普及，让幼儿和家长正确认识和有效预防新型冠状病毒肺炎，弯丽君名师工作室积极响应教育部停课不停学的号召，2月22日至3月7日积极组织工作室成员推出了结合幼儿年龄特点和五大领域课程的系列网课。并携手家长开展了安全教育、亲子共读、亲子游戏、生活习惯养成等连续15期的家园共育系列课程。这些活动的开展，不仅让孩子和家长体验了游戏的乐趣，增进了亲子感情，培养了幼儿良好的生活学习习惯，还让疫情防控期间的“特殊居家时光”变得更有意义，为孩子在今后的人生中如何面对突如其来的危险和困难提供了宝贵的经验和方法。

三、书海遨游拾贝，阅读沁润人生

为合理有效利用“特殊的居家时光”，提高团队教师队伍整体素质和教育教学技能，营造浓厚的阅读氛围，养成良好的阅读习惯，综合提升名师工作室的软实力，2020年3月工作室团队开展了线上读书分享沙龙活动。每位教师在阅读之后，及时做好读书笔记，并用批注的形式直接记录在书本上，教师们的批注都很认真，蓝笔、黑笔、红笔，圈画勾点。每位教师都根据自己阅读的书目结合自己所思所悟撰写了读后感，并及时上传到弯丽君名师工作室公众号上。

四、“疫”战到底“幼”创佳绩，开展线上公益课堂

2020年4月15日至25日，为做好“延期不研训”“延期不延学”新冠肺炎疫情防控时期的培训工作，指导幼儿园教师专业成长，弯丽君名师工作室敢为人先、勇挑重担，积极组织工作室成员开展以“疫”战到底“幼”创佳绩为主题的线上教师教研培训活动。培训内容包括：幼儿园开园前后的疫情防控及卫生保健、幼儿安全教育、幼儿生命健康教育、幼儿心理健康教育、教科研、区域活动、课程评价、教师专业化发展等。团队中的名师骨干们不辞辛苦，积极报名参与，为老师营造了一场又一场专业性极强又通俗易懂的视听盛宴，参与教师纷纷表示11天的培训真可谓是及时雨，为疫情期间教师的迷茫指明了方向，自己在认真内化反思之后，将会把学到的知识转化为能力，弥补自身短板与不足，朝着优秀的目标继续努力。

五、潜心钻研，省级重点课题顺利结题

围绕幼儿园日常安全管理，我们承担了省级重点课题“幼儿园日常安全隐患与管理策略的实践研究”科研课题。在研究过程中，以工作室为平台，以全体成员的智慧为依托，发挥集体的力量，积极开展教学实践。在实践中发展，在发展中提升。2020年9月，该课题已优秀结题。2020年10月，中原名师专项课题“基于中原名师培育工程有效引领名师成长的实践研究”荣获河南省教育厅优秀成果二等奖。

六、与专家名师对话，指导教师专业成长

2020年7月23日至8月4日，工作室团队成员积极开展空中云课堂，依托CCtalk平台，分别以阅读与写作、家庭教育指导、教师专业化成长三个篇章开展了教师专业化成长系列教学讲座。郝晓东院长、肖川教授、韩世文主编针对如何把阅读、教学和写作有机整合为教师的必修课，如何在阅读中积淀，在教学中成长，在写作中提炼升华等进行了别开生面的讲解，使教师受益匪浅。

为了提高教师们的专业化发展，弯丽君名师工作室邀请到知名专家叶平枝教授、王萍博士、李冲锋博士为我们开展了《幼儿教师专业发展的核心素养》《幼儿教师专业成长的路径和方法》《教师如何读书》专题讲座，指明

了一名优秀的幼儿园教师不单单是业务水平上有高度，更应该有专业素养，爱的能力，提升自己和不断超越自己的能力。几位教授利用丰富的案例指引教师不断地学习思考，反思教育教学工作，更好地提升自身的专业素养。

七、拓宽教育视野，找准高质量发展定位

2020年11月12日至14日，工作室组织团队数十位成员参与了河南省中原学前教育研究院成立大会。会议中相关学前教育的专家学者一起讨论了会议中关于国家“十四五”规划后学前教育的高质量发展方向。专家学者们系统地从我们国家“十四五”规划中教育体系的高质量发展展开了论述，剖析了目前学前教育面临哪些矛盾，学前教育又该如何高质量发展。张力教授现场做了解答：高质量发展下的高质量教师发展首要任务是提升学前教育教师的地位和待遇，让教师充满职业自豪和幸福感。高质量的学前教育就要站在儿童的立场、敬畏儿童、信任儿童、发展儿童。与会的团队成员们纷纷表示，在这次大会中收获满满，拓宽了教育视野，更新了教育理念，提升了思想高度。在今后工作和教育教学中，一定要深刻领悟会议精神，做高质量的学前教育。更要知行合一，终身学习，积极向专家和名师靠拢，树立新的教育教学理念。

八、研修、分享、总结、再出发

2020年11月30日，根据《河南省教育厅关于深入推进中原名师培育工程的通知》文件精神，为充分发挥中原名师工作室的“带动、引领、辐射、示范”作用，充分发挥中原名师工作室对教师专业发展的指导、支持、提升和优化等功能，探索形成“名师带徒”式的培训模式，在漯河市市直幼儿园举行中原名师弯丽君幼儿教育工作室集中研修活动。

研修活动首先从工作室各项工作的计划安排，活动的开展过程，取得的成效进行了全面细致的总结。其次根据团队教师研修情况进行了问卷调查并进行梳理总结，结合成员调查问卷反馈，名师工作室将在下个阶段优化培育方式，提供多元化的发展平台，在课题研究、讲评课、跟岗实践研修、论文写作、教师专业化发展等方面开展形式多样的研修活动。

同时向团队成员宣布喜讯：《幼儿园幼儿安全习惯培养实操手册》这部专著自2020年1月大家开始书写，历经10个月，在大家的共同努力下，完成了

13万多字的书稿，现已和华东师范大学出版社签订了协议，预计2021年5月之前出版发行。

弯园长带领团队成员对《金色旅程——弯丽君名师工作室发展共同体典型案例分析》这部专著的体例架构进行了详细的分析和说明，并把名师工作室的成员根据个人的特长，有效分成了四个小组。各小组热烈研讨，建言献策。活动在紧张热烈的讨论中通过思想碰撞，形成共识，最后确立了这部专著四个篇章的具体内容。

九、结合教师需求，开展实地研学交流

12月3日，工作室成员走进航空港区绿苑幼儿园，从环境到文化、从区角到课程，感受绿苑幼儿园的环境之美、课程之美、文化之美，走进绿苑幼儿园的内涵之美。观看了绿苑幼儿园教师关于美工区“一物多玩、材料的多样化”集中教研活动。教师通过研讨、评析，一起制定方案。在“做中学”的氛围中，形成一个共同学习与研究的集体，通过阶段性的总结和反思，减少了盲目性，增强了有效性，帮助老师更好地开展教研工作。这次研学活动，让我们开阔了眼界，感受园所文化，参与教研，共同研讨，孩子的世界是色彩斑斓的，作为启蒙教师的我们责任重大，我们要不断鞭策自己，提高自己，让自己成为孩子们最喜欢的人。

十、善思、善学，智慧同行

为认真贯彻落实市教育局关于大力推进课程改革，切实转变教育理念，加强对教师教学能力提升要求，结合弯丽君名师工作室教师培训情况，为促进工作室成员专业成长，弯丽君名师工作室按照疫情常态化的工作安排，于2020年12月9日至16日进行为期8天的《中原名师篇》系列专题讲座。彼此间聆听着同伴们的“论坛”，相互分享教学智慧，不断提高业务水平。通过相互观课、评课、磨课，取得良好效果，把教研效益扩大化，真正起到优质资源辐射作用。

十一、幼儿园安全教育观摩研修活动举行

2020年12月25日上午，中原名师弯丽君幼儿教育工作室在漯河市市直幼儿园举办幼儿园安全教育观摩研修活动。执教的两位教师根据3—6岁幼儿年

龄特点，结合幼儿生活经验，创设了有趣的生活安全游戏场景，让孩子们在游戏情境中体验安全意识的重要性，提高安全保护意识与能力。岳亚平教授对两节观摩课进行现场点评，并作了《幼儿安全与保护》专题讲座。弯丽君名师室主持人弯丽君为大家作《幼儿园日常安全隐患与管理策略》成果汇报。市委教育副局长刘盘松，河南大学教育科学学院副院长岳亚平及全市各幼儿园园长、教师纷纷表示此次幼儿园安全教育观摩研修活动，是更新幼儿安全教育理念、推动幼儿园安全教育课程化、优化课堂教学效果，提高幼儿安全教育质量的一次重大而有意义的活动。一定要珍惜学习的机会，认真学习、深入探讨、坦诚交流，相互促进、共同提高，用爱心智慧撑起幼儿健康安全成长的蓝天，为幼教事业的跨越式高质量发展做出我们幼教人应有的贡献。

一年来，我们团队成员积极进取、凝心聚力、扎实专业理论基础、拓宽教育视野，圆满完成了名师工作室的各项工作和任务。在今后的工作中，将继续带领全体教师向着“谋求专业高位发展，享受教育幸福人生”的美好愿景一路同行！

弯丽君名师工作室

2020年12月

第三节　名师工作室的发展历程

弯丽君名师工作室成立于2015年7月28日。2015年11月，经河南省教育厅中原名师办公室专家组经过严格的考核评估，认定为“中原名师弯丽君幼儿教育工作室”。六年来工作室围绕“走在前沿，行在路上”的理念，以专业引领、同伴互助、立足实践、崇尚学术、专题探究、技能提升、共同成长为宗旨，在观察体验、学习思考、参与研究、实践总结的过程中，把先进的教育理念、独特的教学风格、精妙的教学技巧、灵活的教学方法，渗透和辐射到工作室成员的教学中，让名师工作室成为“研究的平台、成长的阶梯、辐射的中心、师生的益友”，真正成为名优教师的孵化基地。

教师的专业发展是幼儿园发展的原动力，弯丽君名师工作室把培养和引领教师的专业发展作为工作的出发点和落脚点，充分尊重工作室成员的个性和特长，实现成员间的差异化发展，实现教研成果惠及本园、引领漯河、辐射周边。自工作室成立以来吸收了由本园省级名师、骨干教师组成的首批成员，后陆续吸收数十名外园骨干教师加入团队，培养出了一批思想新、专业硬、教学风格独树一帜的幼教领军人物和优秀骨干教师队伍。形成以名教师为核心，以高层次骨干教师团队和专家型的教师研究、服务群体，带动幼儿教师整体素质的提高，真正起到了名师孵化、教师专业成长的前沿阵地。

弯丽君名师工作室以“阅读、写作、科研、探究、反思、写作、成长”为名师成长的基本路径，以微信公众平台、CCtalk直播平台为载体；以走出去、请进来的方式，选派工作室成员积极参加与本专业领域有关的高水平学术讲座、研讨会，开阔眼界，吸纳新知识；适时邀请本行业成绩卓著的教育教学专家进行现场专业指导，为名师工作室成员的成长创造条件，及时持续发布工作室动态、教育教学探究、实践研修、教科研动向，充分发挥名师工作室的引领、辐射、带动、示范作用，指导更多教师的专业化发展。

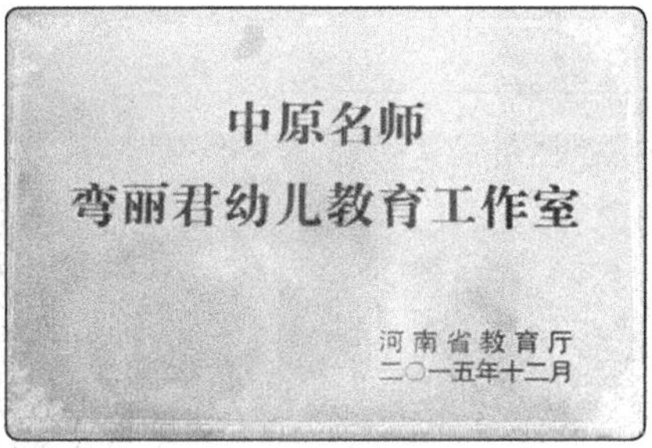

工作室牌匾

一、名师引领，“沙龙式”研修助专业成长

为充分发挥中原名师工作室的“带动、引领、辐射、示范”作用、对教师专业发展的指导、支持、提升和优化等功能，优化教师的成长路径，引领教师专业发展。六年来，弯丽君名师工作室不断优化培育方式，为团队成员提供多元化的发展平台，在课题研究、讲评课、跟岗实践、阅读写作等形式多样的集中研修活动，开展“沙龙式”的团队集中研修，让全体成员在交流中研讨，在研讨中碰撞，在碰撞中感悟，有效互动促进了团队成员的专业提升。作为名师培育基地，主持人弯丽君老师每一年度的集中研修活动前都会首先发放调查问卷，从教师的教育教学水平，教科研水平以及所需要发展的方向进行了系统的问卷调查，并对调查问卷进行梳理总结，了解每位教师的实际发展需求后做出详细具体，切实高效的引领规划：将个人研修与团队研修结合，要求工作室成员落实研修的“四个一”要求，即每学年认真研读一本教育教学理论专著；每学年承担一次专题讲座或一次公开教学，并形成书面教案及课后反思；每学年至少应参加一项市级以上课题研究；每学年至少有一篇论文在市级以上刊物发表或参评获奖，以此来促进工作室成员不断提高教育理论和专业素养，并将其有效地应用到教育教学实践中。

教师的专业发展是幼儿园发展的原动力，工作室把培养和引领教师的专业发展作为工作的出发点和落脚点，实现好、维护好、发展好工作室成员的专业素养，充分尊重工作室成员的个性和特长，实现成员间的差异化发展，实现教研成果惠及本园、引领漯河、辐射周边，促进成员教师全面快速发展。

中原名师集中研修活动剪影（一）

二、阅读·思享·成长——遨游拾贝，沁润人生

为提高团队教师队伍整体理论素养和教育教学理念，养成良好的阅读习惯，综合提升名师工作室的软实力，弯丽君名师工作室开展了“燃梦·阅读行动”，几年的坚持以专业阅读推动工作室建设的成功经验成为了特色与亮点，引起了同行的关注。也因为常态化的专业阅读，加快了工作室成员专业成长的步伐，使“弯丽君名师工作室”获得了蓬勃的生命力。

（一）领衔人为专业阅读作表率

为培养工作室团队成员的阅读意识，工作室主持人弯丽君老师亲作表率，把指导成员进行专业阅读作为自己的一项重要任务。她自己进行大量的阅读，写读书笔记，利用工作室集中研修活动和微信群互动向大家分享自己的读书体会，经常向团队成员分享“教师靠精神站立，靠学问行走，名师更要如此，要树立精神、做好学问，离不开阅读”的道理，不断引领和指导教师专业阅读的方法。有了榜样的力量，工作室成员的专业阅读氛围和阅读习惯正逐步形成。

（二）精选文本为专业阅读铺路

成员教师阅读选择书籍比较盲目，视野狭窄，知识单一。为了将专业阅读扎实开展下去，让工作室成员“读好书，有书读”，弯丽君名师工作室在专家指导、问卷调查、教师访谈等基础上，精心选择购买适宜教师阅读、教师认可度高的书籍，发到每位成员手中。这些文本书籍主要包括三大类：一是学科专业书，二是教科研类书，三是修养书。这些书籍或贴近国内外教育形势，或贴近工作室成员的专业，或贴近课堂教学，或贴近教育理念，或贴近教师的自身修养，大大提高专业阅读的可读性，吸引了工作室成员的注意力和阅读兴趣，中原名师弯丽君把自己的两本专著《守护幼儿平安的防线：幼儿园日常安全隐患与管理策略》《为平安幸福的人生奠基：幼儿园安全教育园本课程研究》赠送给教师阅读，工作室成员们纷纷表示安全是幼儿园永恒的话题，如何做好幼儿的安全工作是园长、教师、家长非常关注和谈之色变的话题，弯老师这两本专著可谓是教师日常工作的工具书。提升教师教科研能力从阅读开始，工作室主持人弯丽君为成员赠送了专著《基础教育教学课题研究十八问》图书，为教师在课题研究的道路上点亮了引航灯。同时，工作室鼓励教师将自阅读的优秀书目彼此分享和推荐，达到资源共享，共同进步的效果。

中原名师集中研修活动剪影（二）

（三）邀请专家讲座指导专业阅读

在教师专业阅读问题上，很少有针对提高教师阅读素养的培训，这是许多教师读书盲目、茫然的原因之一。工作室成员平常忙于日常工作事务，在成长过程中得到的有效、科学、精细的专业阅读指导却很少，因此对他们的阅读培训和指导是十分必要的。弯丽君名师工作室一方面引导教师读理论的书、读专家的书、读专业之外的书；另一方面请名师闫学、郝晓东、张文质、肖川等专家学者分享读书对如何高效阅读的好方法，促进教师专业成长。

三、专业写作促成长

写作是阅读、思考和实践的结晶，也是提升教师个人专业素养的一种方法。2020年1月，在主持人弯丽君的组织下，工作室召开了《幼儿园幼儿安全习惯培养实操手册》写作的体例架构说明会，并邀请了国内专家杨伟东、刘振民、贺斌教授、岳亚平等专家进行专业写作指导。成员们在弯老师的组织指导下，分成五个小组，每组分别承担一个篇章，大家一起讨论、研究，开始了紧锣密鼓的书籍编写工作。

在《幼儿园幼儿安全习惯培养实操手册》的撰写过程中，突如其来的新冠肺炎疫情打破了原有撰写计划，大家众志成城，一起攻坚克难：成员们放弃了休息时间，放弃了和家人休闲的机会，先在自己家里分别撰写，遇到需要沟通的部分，利用网络进行微信群和钉钉视频会议进行交流反馈。漯河疫情得以控制，可以外出后，大家在做好疫情防控的同时齐聚漯河市市直幼儿园，展开文字稿的整理和编写。终于一篇篇关于幼儿园一日生活中各个环节的安全教育的成果诞生了，看着这一份份沉甸甸的果实，我们有的不只是喜悦，更有一种成就感。紧接着就是成书的过程，这远比我们想象的要艰辛得多。2020年7月工作室组织成员进行了通稿活动，杨伟东、贺斌教授对我们提出了具有前瞻和针对性的意见和建议，成员们在弯老师的组织带领下，结合幼儿园实际生活反复斟酌、修改，不断思考幼儿园安全习惯养成的实用性和适宜性，在《幼儿园幼儿安全习惯培养实操手册》中每一环节中针对教师、家长和幼儿都有相应的支持策略，这样，对一线上课的教师和家长，既是一项建议，也是一个方向，这又是一项浩大的工程。所以整个暑期，成员们都放弃了休息的时间，又投入到了编写工作中，汗水和炎热阻挡不了大家的热情，枯燥和烦琐也没有打消她们的念头。当一次次修改，一次次重来，一次次的校稿袭来的时候，老师们心中依然有一个坚定的信念——要把我们的《幼儿园幼儿安全习惯培养实操手册》向全市乃至全省、全国的幼儿园、教师、家长推广。当汗水顺着笔尖滑落的时候，我们收获的却是无限的幸福，汗水浇开幸福花，历经10个月，在大家的共同努力下，完成了13万多字的书稿，由华东师范大学出版发行。

中原名师集中研修活动剪影（三）

四、牢记使命，敢于担当——“疫”样时光，别样成长

为认真贯彻落实习近平总书记系列重要指示批示和全国疫情防控工作电视电话会议精神，落实省教育厅《关于疫情防控期间做好全省中小学教师教育教学工作的通知》，做好“延期不研训”“延期不延学”新冠肺炎疫情防控时期的培训工作，指导幼儿园教师专业成长。弯丽君名师工作室勇挑重担，开展了“抗击疫情，助力成长”系列家园共育课程和“疫”战到底“幼”创佳绩系列公益课堂活动。

（一）引领家长，让幼儿的居家时光更有价值

“生活即教育，社会即学校。”因为疫情让幼儿的假期变得“难熬”而“漫长”。注重疫情防护知识普及，让幼儿和家长正确认识和有效预防新型冠状病毒肺炎，弯丽君名师工作室积极响应教育部停课不停学的号召，2020年2月22日至3月7日，积极组织工作室成员推出了结合幼儿年龄特点和五大领域课程的系列网课。并携手家长开展了安全教育、亲子共读、亲子游戏、生

活习惯养成等连续15期的家园共育系列课程。这些活动的开展，不仅让孩子和家长体验了游戏的乐趣，增进了亲子感情，培养了幼儿良好的生活学习习惯，还让疫情防控期间的“特殊居家时光”变得更有意义，为孩子在今后的人生中如何面对突如其来的危险和困难提供了宝贵的经验和方法。

2020年我国学前教育宣传月主题是“特殊的时光，不一样的陪伴”，如何让陪伴的时光充实而美好，从而实现高质量的陪伴。如何让陪伴更“贴心”？如何让陪伴更“具体”？如何让陪伴更“适宜”？如何开展家庭教育？带着一系列的问题和疑惑，7月26日至28日，工作室特邀请了国内知名家庭教育专家朱晓平校长、康长运博士、李俊杰院长进行了为期3天的家庭教育专题讲座和解疑答惑。聆听讲座的教师和家长们纷纷表示“家庭教育是一切教育的基础，并且贯穿始终”，所以想要改变孩子，就应该从改变自我开始。今后一定做好家园携手，为每一位幼儿创造适合发展的灵动空间。

（二）“疫”战到底“幼”创佳绩，开展线上公益课堂

2020年4月15日至25日，为做好“延期不研训”“延期不延学”新冠肺炎疫情防控时期的培训工作，指导幼儿园教师专业成长，弯丽君名师工作室敢为人先、勇挑重担，积极组织工作室成员开展以“疫”战到底“幼”创佳绩为主题的线上教师教研培训活动。培训内容包括：幼儿园开园前后的疫情防控及卫生保健、幼儿安全教育、幼儿生命健康教育、幼儿心理健康教育、教科研、区域活动、课程评价、教师专业化发展等。工作室团队中的名师骨干们不辞辛苦，积极报名参与，为广大教师营造了一场又一场专业性极强又通俗易懂的视听盛宴。

五、与名师对话，助力专业成长——敢为人先，开通CCtalk直播平台

当前是一个信息大数据时代，2020年，突如其来的新冠肺炎疫情打破了人们正常的学习和生活，学生不能去学校上课，企业停工停产，全国人都待在家里。面对疫情阻击战，各大教育直播平台成了更多人的选择。弯丽君名师工作室敢为人先，于2017年就开通了CCtalk网络直播平台，并建立弯丽君名师工作室微信公众号和学习交流微信群使之成为工作动态发布、成果辐射推广和资源生成整合的中心，五年多来邀请国内知名专家学者开展了五十多场CCtalk专家直播讲座，吸引了省内外教师的直播学习，浏览播放量达20多万

次，实现了质教育教学资源的共享。

自直播平台开通以来，邀请了郝晓东院长、肖川教授、韩世文主编、叶平枝教授、王萍博士、刘振民、闫学、王涛、胡新颖、孙涛等国内知名专家学者分别以阅读与写作、家庭教育指导、课题研究、教师专业化成长等方面开展了幼儿教师专业发展的核心素养；幼儿教师专业成长的路径和方法；教师如何阅读与写作；课题研究那些事等教师专业化成长系列专家直播讲座。讲座中深入浅出地指明了一名优秀的幼儿园教师不再是业务水平上有高度，更应该有专业素养，爱的能力，提升自己和不断超越自己的能力。专家老师用很多生动的案例指引教师不断地学习思考，反思教育教学工作，让成长中的教师更具有发展价值；针对如何把阅读、教学和写作进行有机整合为教师的必修课，如何在阅读中积淀，在教学中成长，在写作中提炼升华等指出了方向，提出了很好的方法和建议。

参与直播培训的教师纷纷表示高效专业的培训真可谓是及时雨，为教师的专业成长道路上的迷茫指明了方向，自己在认真内化反思之后，将会把学到的知识转化为能力，弥补自身短板与不足，朝着优秀的目标继续前行。

CCtalk直播平台

六、示范引领、送培送教，帮扶共建

名师是大树，能改善一方环境，且在树叶间闪动精彩。为了促进城乡教育均衡发展，发挥中原名师工作室的示范、引领和辐射作用，根据“国培计划（2019）”相关文件精神及省教师〔2019〕515号文件，结合上蔡县学前教育发展情况及幼儿教师实际需求，开展送教送培下乡活动，以送教下乡培训带动校本研修，创新乡村教师培训模式，提升乡村教师培训实效。帮助上蔡县打造一支由教研员和幼儿园一线骨干教师组成的县级幼儿教师培训团队，能够承担起上蔡及辖内乡镇幼儿教师培训任务。

工作室充分发挥本室骨干教师优势，以教育教学为中心，通过“名师结对”“送教下乡”“名师讲坛”“主题教研”等活动，引领青年教师更新教学理念，提高教学能力，围绕幼儿园五大领域开展主题培训，支持组建县域内外专家团队对薄弱幼儿园进行指导。工作室通过磨课、研课、评课等活动提升教师课堂教学能力，对其中优秀的示范课、小讲座进行打磨，形成优质培训资源，帮助建立上蔡县培训资源库。在专题讲座后的就讲座的内容本工作室成员和当地教师进行了深入的交流和探讨，在交流中无论是当地教师还是本室成员都能畅所欲言、有感而发，可以明显感到当地教师在本次活动中深受启发，并且有所收获。在中原名师弯丽君老师的带领下，工作室成员们都倍加珍惜每一次互相学习和交流的机会。每一次的磨课，每一次的“送教下乡”都不断地给每一位教师带来新的挑战、新的机遇和新的成长！

“工欲善其事，必先利其器。”此次送教送培活动，从理念到经验，从智慧到技术，从框架到细节，都给老师们带来了方法上的启迪。为乡村幼儿园的教师们提供了一个学习、交流、领悟、提高的机会，对提升教师的教学、教研能力，促进小规模学校教育教学提升发展起到了很好的推动作用。

本次开讲座的教师是我省教育研究的专家和一线教师。作为一线教学骨干，他们不仅对新的教学理论思想有较全面、较深刻的理解，而且作为教学第一线的实践者、改革者，他们有将理论转化为实践的经历并有深刻的认识和理解。因此讲座内容更贴近山村教师的需要，从而更能进一步帮助解决山村教师的理论观念问题，促进山村教师教育观念、教学设计和教学方法的更新。

七、名师联盟，携手走向专业成长之路

一个人走得很快，一群人走得更远。为深入贯彻《河南省教育厅关于深入推进中原名师培育工程的通知》精神，落实中原名师培育工作的各项目标任务，中原名师弯丽君、符丽、刘梅幼儿教育工作室联盟的成员和学员们，以专家引领、课题研究为重点，以同课异构、观摩活动为抓手，在学习与实践、反思与议课中，实现共同成长、共同进步，力争实现“名师引领、资源共享、优势互补”的教师专业发展和学校教育的全面发展。几年来自弯丽君名师工作室、符丽名师工作室、刘梅名师工作室的全省11个地市的省级名师与骨干教师培育对象和工作室成员分别在周口、漯河、信阳等地区开展了集中研修活动。

2017年11月集中研修活动中邀请了河南省教育厅基础教育教学研究室课题管理办公室主任杨伟东为学员们做了课题研究的参与式培训，通过展示目标任务，组织参研学员分组，设立公务人员（主持人，计时员，计分员，评论员），安排小组合作讨论，限时组间展示交流，及时量化计分评价，适时点评总结，进行表彰激励等环节，将培训目标任务落实在参研教师的语言上，行动上，心灵上，真正让参研教师学有所获，学有所得！不仅让参研的教师们体悟到了课题研究中的选题、立项与开题等问题，更重要的是让参研的教师们收获了美好快乐的心情。河南省教育厅基础教研室幼教科室主任李丽采取理论与实践相结合的方法做了专题讲座《幼儿游戏活动中的行为观察与记录》。从“游戏与观察”“观察准备与记录方法”“观察内容的分析策略”“观察中应注意的问题”几个方面详细地讲解了作为一线教师如何在幼儿游戏活动中对幼儿进行行为观察与记录。讲座内容贴近工作实际，实用性强，非常接地气，让一线老师受益匪浅，启迪幼儿教师去做一名会观察儿童、记录儿童、反思儿童行为的专业型教师！

2018年10月，弯丽君、符丽、刘梅幼儿教育工作室联盟的成员和学员们，齐聚漯河市开展集中研修活动。在专家讲座活动中，邀请到全国著名语文特级教师、核心阅读工程首席导师闫学老师；浙江师范大学杭州幼儿师范学院副教授、硕士生导师周小虎；河南教育厅学术技术带头人杨伟东主任做了《教师专业成长的向上天梯》《PCK视野下的教师学习》《指向核心素养培育的教师发展》的专题讲座。几位专家精彩的讲座为在座学员带来一场场

视听盛宴，给大家带来了很多新思路、新认知。既有高度概括的理论，又有鲜活生动的事例，并从不同方面提到教师专业化成长的重要性，读书的重要性，倡导阅读应该成为一种生活方式，应该贯穿于每一位教师的生命。要想成为专家型的教师，一定要做一个善于更新知识的学习者，只有终身学习才能决定在教育这条路上走多远。

在漯河市市直幼儿园区域观摩活动中，参观的教师们观察到幼儿能根据自我意愿进行自主选择区域，变被动学习为主动学习，孩子们在玩的过程中发现问题，探讨问题、解决问题的能力令人惊讶，更叹服老师们的想象力。活动结束后学员进行了分享交流活动，很多学员对幼儿园的区域活动中教师创设的开放性的区域环境、适宜的符合孩子学习特点的材料，有效的评价策略等给予高度的评价，表示专家讲座为她们提供了理论基础，交流研讨为自身的教育实践做好了铺垫，观摩示范课为她们提供了优秀的教学范例，区域观摩使她们领略了名园的风采。也进一步开阔了视野，拓宽了思路，找到了差距，明确了奋斗目标。并表示将所学的知识主动运用到实际工作中去，以便更好地为孩子们服务，为学前教育做出新的贡献。

通过名师联盟集中研修活动，每个学员都有最大的获得感，增强了教师的使命感和责任感。作为培育对象的学员们纷纷表示，一定会拿好接力棒，传承责任、使命与担当，关注思考今天的教育，做教育的实践者、改革者。相信，在不久的将来，一定会涌现一大批优秀的中原名师！共同谱写幼教新篇章！

2018年研修活动剪影

八、依托课题研究，助力名师专业成长

弯丽君名师工作室坚持“以课题研究推动教学发展，以课题研究促进教师专业提升”工作的目标，五年来完成了省级课题研究2项，全部顺利结题。在课题研究中，坚持从教育教学的问题及困惑中选题，坚持课题研究为教学服务，为教师服务，为幼儿服务，要能解决教师教学与幼儿学习过程中的问题、困惑、难点和疑点；坚持将课题研究与校本研修相结合，与教师专业发展相结合，使课题研究成为学校教学发展的“推动器”，教师专业成长的“加油站”。

2018年9月，弯丽君名师工作室围绕幼儿园日常安全管理，承担了省级

“十三五”重点课题“幼儿园日常安全隐患与管理策略的实践研究”科研课题。在研究过程中，以工作室为平台，以全体成员的智慧为依托，发挥集体的力量，积极开展教学实践。在幼儿安全教育实践过程中形成问题意识，以问题为中心通过中国知网等网站，围绕幼儿园一日活动中存在的安全隐患这一核心问题进行文献检索，深入分析相关研究的成就与不足，结合幼儿、教师和家长多维互动和幼儿趣味游戏，对幼儿园一日活动中存在的安全隐患进行全程全方位的自然观察，对随机筛选的幼儿园园长、教师和其他保教人员进行多维访谈。利用上述方法筛查幼儿入园、盥洗、就餐、如厕、饮水、集体教育、区域活动、户外活动、体育游戏、散步、午睡、离园和大型活动等环节存在的安全隐患，对自然观察和多层面访谈获取的资料进行定量与定性分析，在此基础上探究切实可行的操作性对策，把通过自然观察、多维访谈和文献检索形成的初步对策适用于幼儿的一日活动安全实践之中，并定期对各责任主体履行情况和策略实施效果进行评价，适时针对性地调整相关应对策略，发挥全员、全程和全方位的安全环境创设机制，让幼儿学会自主学习、自主管理和分工合作，促进幼儿快乐健康的成长。

实践中发展，发展中提升。为保障课题研究的顺利实施，工作室特邀河南省教育厅基础教研室课题管理办公室主任杨伟东、郑州幼专教学部主任梅纳新、漯河医专心理学教授贺斌担任指导专家，对课题题材的选择、题目精准的定位、内容的确定以及适宜的研究方法和具体实施进行了专业、详尽，有针对的指导，并给出了建设性的调整和修改意见。2020年9月，该课题优秀结题，并将研究成果加以总结形成专著并在其他同类幼儿园推广。该课题实践研究期间工作室成员撰写的论文《幼儿园一日活动中安全教育方法的实践研究》《幼儿园一日活动中安全教育的原则实践研究》《入园环节存在的安全隐患与管理策略的实践研究》《盥洗环节存在的安全隐患与管理策略的实践研究》《进餐环节存在的安全隐患与管理策略的实践研究》在国家核心刊物上发表。工作室成员在课题实施和研究的过程中，不断反思探索，积累了相应的知识经验，目前工作室成员教师已独立主持和参与了省市级的课题研究工作。

2019年11月19日至23日，我们荣获河南省基础教育教学成果一等奖《幼儿园安全教育园本课程的实践研究》，经过河南省教育厅的选拔推荐、北京师范大学的层层评选，历时4个月，最终同其他22项成果一起，代表河南省参展第五届中国教育创新成果公益博览会。在现场，弯丽君名师工作室的成果吸引了众多的嘉宾驻足观看，徐南、路雪萍、李青等教师热情、详细和耐心地向参观者介绍成果的教育理念、应用价值及实践效果，受到参观者的一致好评。下午，徐南老师做了《碰撞中升华 创新中发展》的论坛活动展示，先进的教育理念，翔实的实践活动，应用和推广的成功案例，受到了与会嘉宾和教育同人的称赞。本次参加教博会展示活动，我们收获满满，既是阶段性成果集聚，更是扬帆起航的灯塔。我们继续不忘幼教初心，勇担育儿使命，为中国幼教事业的发展深耕细作，做出应有的贡献。

九、同课异构提能力，砥砺思想促提升

俗话说："你有一个苹果，我有一个苹果，交换后每人还是一个苹果，但是思想不一样，你有一种思想，我有一种思想，交换后每人就有两种思想。"然而同课异构就是这么的奇妙，"同课异构"的教学方式，就是让教师之间学识的交流、思想的创新、智慧的碰撞。教师之间可以互相借鉴、可以扬长补短、可以提高教师的教学效果。它能使得每位教师的潜能得到挖掘，每位教师对幼教改革理念的理解得到尽情绽放。在弯丽君名师工作室研修活动中，时常上演着这些精彩的碰撞：2017年11月在同课异构活动中，工作室的学员根据同一个主题《有趣的冬天》分别设计了集体教育教学活动，刘艳艳老师的综合活动《下雪了》；崔爱红老师的科学活动《冬天的取暖工具》；邱艳霞老师执教的大班语言《雪地里的小画家》，三位老师从不同层面让孩子们了解了有趣的冬天。活动后，老师们畅所欲言发表自己的见解和看法，各抒己见，现场气氛活跃。2018年10月，在《多彩的秋天》同课异构活动中，由安乐执教的大班美术《秋天的树叶》，张媛媛执教的大班音乐游戏《树精灵的舞会》，郭君娜执教的大班绘本《阿嚏，大熊，阿嚏！》活动中，教师充分发挥了孩子们的想象力和创造力，调动了孩子们的主动性，三位老师以不同的教育构思，不同的教学方法，呈现出不同教学风格的课堂。2019年9月，工作室成功举办了幼儿园安全教育同课异构展示观摩活动，其中工作室成员赵丽敏老师讲授的《迷路的贝贝》、袁晓燕老师讲授的《安全用火》、李哲老师讲授的《一根羽毛也不能动》等优质安全教育观摩课，将我们的研究成果推广给更多的老师，发挥了名师工作室的辐射、引领、带动作用。

2019年12月，弯丽君名师工作室与刘梅、符丽名师工作室联盟开展"爱

祖国，爱家乡”同课异构活动，活动目标明确，主题突出，引导工作室成员及与会教师深入探讨高效课堂的教学方法，产生了解读幼儿教育活动、运用教育、拓展教育的自觉性，必要性、有效性，真正体现以幼儿为主体的自主探究的教学方法，提高了老师们的专业敏感度。

2020年12月25日上午，中原名师弯丽君幼儿教育工作室在漯河市市直幼儿园举办幼儿园安全教育同课异构观摩研修活动。执教的两位教师根据3—6岁幼儿年龄特点，结合幼儿生活经验，创设了有趣的生活安全游戏场景，让孩子们在游戏情境中体验安全意识的重要性，提高安全保护意识与能力。路雪萍展示一节健康教育活动《赶走不开心》。在评课环节很多老师积极发言，对路雪萍老师的课赞叹不已，从执教教师的教学理念、教育机制、师幼融洽关系以及重视孩子主动探究的教育思想等多方面给予高度的评价，深深地感受到了省级名师的教育水平和独特的教学风格，大家通过点评不仅提高了反思能力，更重要是感受到了幼儿心理健康教育的重要性。岳亚平教授对两节观摩课进行现场点评，并作了《幼儿安全与保护》专题讲座。教师纷纷表示幼儿园安全教育同课异构观摩研修活动，是更新安全教育理念、推动幼儿园安全教育课程化、优化课堂教学效果，提高幼儿安全教育质量的一次重大而有意义的活动。一定要珍惜学习的机会，认真学习、深入探讨、坦诚交流，相互促进、共同提高，用爱心智慧撑起幼儿健康安全成长的蓝天，为幼教事业的跨越式高质量发展贡献出我们幼教人应有的力量。

安全教育教学活动剪影

弯丽君名师工作室按照制订的研修活动计划，有的放矢地完成了系列研讨活动，取得了实实在在的效果。坚信，有名师的一路引领，有工作室成员的共同努力，名师工作室将不断总结研修经验，进一步丰富研修内容，创新研修方式，使研修更具针对性、实效性、科学性，从而带领工作室全体成员向着“谋求专业高位发展，享受教育幸福人生”的美好愿景一路同行！

❷

第二章

名师工作室的成长路径

第一节　名师工作室年度集中研修活动

为了贯彻落实《河南省教育厅关于深入推进中原名师培育工程的通知》文件精神，充分发挥中原名师的“示范、引领、辐射、带动”作用，中原名师弯丽君幼儿教育工作室加强对教师专业发展的指导、支持、提升和优化等功能，探索形成“名师带徒”式的培训模式，优化省、市级名师骨干教师的成长路径，将中原名师工作室打造成为全省名师骨干教师的培育基地，助力全省、市教师队伍梯级攀升体系建设，中原名师弯丽君幼儿教育工作室在漯河市市直幼儿园不定期开展了教师集中研修活动，来自漯河市的21位学员参加集中研修活动。

通过对学员的问卷调查和分享交流活动，了解了学员们的需求和遇到的难题，工作室制订出来合理的发展计划，让学员明确了工作室的发展目标、活动设想、工作策略以及成长途径。名师工作室开展了一系列扎实有效、富有创造性的工作，圆满地完成了各项工作任务：主持人弯丽君园长邀请到的知名专家叶平枝教授、王萍博士、李冲锋博士、郝晓东院长、肖川教授、韩世文主编等大咖为工作室成员开展了内容丰富的专题讲座、跟岗观摩活动——参观漯河市市直幼儿园区域活动、读书和写作活动、向学员赠送专业图书活动、CCtalk网络平台线上教师教研培训活动、读书心得分享交流活动、成果推广盛会活动等学习研讨活动。

微信公众号和学习交流微信群，成为弯丽君名师工作室工作动态发布、成果辐射推广和资源生成整合的中心。通过互动交流，实现优质教育教学资源的共享。

弯老师常说：“一个人可能走得很快，一群人会走得更远！学习，我们永远在路上。”工作室全体成员身处在这样一个优秀的团队中，学会了感恩，更加用心地把握着每次的学习机会，在弯丽君老师的带领下，团结一心，潜心研究，不断进取，砥砺前行。名师工作室不断总结培训经验，探索培训规律，改进培训管理，丰富培训内容，创新培训方式，使培训学习具有针对性、实效性、科学性，从而使培训工作不断迈上新台阶，为我们搭建了河南省名师、省骨干教师更高更远的发展平台。在团队建设、成员培养、教育科研、教育培训、送培送教等方面都取得了可喜的成绩。

众人拾柴火焰高，团队的力量无极限！《金色旅程——弯丽君名师工作室发展共同体典型案例分析》专著的出版，将成为弯丽君名师工作室全体成员多年来辛勤耕耘的印记。

“耕耘不问收获，自有一路芬芳！”相信，只要大家携手并进，工作室优秀的教师们定能不断成长，取得长足进步！

2017年中原名师弯丽君工作室学员集中研修活动总结

为了充分发挥中原名师的示范、引领、辐射、带动作用，中原名师弯丽君幼儿教育工作室成员，于2017年10月20日，开展了集中研修活动，来自漯河市三县一区的18位成员参加了本次活动。

活动开始，主持人弯丽君向参加此次培训的学员表示了热烈的欢迎，并宣读了本学期工作室工作计划安排，让学员明确了工作室的发展目标、活动设想、工作策略以及成长途径。

接着，工作室成员学习研讨了河南省教育厅基础教研室课题管理办公室杨伟东主任编写的《基础教育教学课题研究十八问》。整本书的内容涵盖了关于课题研究的目的、研究的意义、准备、选题立项、申报批准、组织开题研究、如何实施研究；中期课题检查与报告的撰写及评估；后期的搜集与整理；结项获奖与课题研究成果的推广等等。清晰的讲解，给工作室成员做课题指明了方向。弯园长向工作室成员赠送了此书，学员们纷纷表示如获至宝。

书籍，是瞭望世界的窗口，改造灵魂的工具，打开知识宝库的钥匙。读书，能使人愉快！读书，能让人工作得更加得心应手！第三个环节是在弯园长倡导读书进行时中，学员进行了读书分享交流活动，真正促进了教师读书活动的有序开展，也提高了教师阅读的实效性。

整个活动，组织有力，安排恰当，内容丰富，形式多样，达到了预期的目的。

弯园长总结说：一个人可以成长得很快！一群人成长路上，携手前行才能走得更远！她勉励大家紧紧跟随团队成长的步伐，共同学习，共同成长！

2018年中原名师弯丽君工作室教师研修活动总结

为了充分发挥中原名师的示范、引领、辐射、带动作用，中原名师弯丽君幼儿教育工作室，于2018年5月15日，继续开展了教师集中研修活动，来自漯河市三县一区的20位成员参加了本次活动。

活动成员集体照

活动开始，主持人龚晓莹向参加此次培训的学员表示了热烈的欢迎，张抗抗主任宣读了弯丽君名师工作室2018年发展计划，让学员明确了工作室的发展目标、活动设想、工作策略以及成长途径。

研修活动进行中

紧接着，名师工作室主持人弯丽君进行了《做新时代的好教师》专题讲座，从教师立足的高度，思考的深度和情怀的宽度进行了阐述，提升教师的理想信念和教育情怀，通过读书和写作，进一步完善自身结构等多方面与老师们进行了分享，让在座的老师们和工作室成员都进一步开阔了视野，拓宽了思路，找到了差距，得到了提高，大家都纷纷表示收获满满。

活动最后，学员进行了问卷调查和分享交流活动。以便进一步了解了学员们的需求和遇到的难题。弯园长总结说，名师工作室将根据学员的需求，学员遇到的难题，不断总结培训经验，探索培训规律，改进培训管理，进一步丰富培训内容，创新培训方式，使培训学习更具针对性、实效性、科学性，从而使培训工作再上新台阶。

2019年中原名师弯丽君幼儿教育工作室集中研修活动总结

一月总结

活动成员集体照

“独学无友，则孤陋寡闻；勤学交流，则博学睿智。”

为了加快名师工作室教师们的专业成长，提高课堂教学的有效性，近日，弯丽君名师工作室举行了优质课展示活动。

本次展示的优质课主要围绕美术、科学、音乐三个领域进行，三位执教者根据幼儿的年龄特点，选择适宜又能展现自我教学特色的主题内容，进行教学展示。

研修活动进行中

活动前，三位教师深入分析教材，反复磨课、试课，并根据孩子需要准备大量的玩具、材料；活动中，教学形式灵活多样，幼儿表现主动积极，并在游戏中感受到了学习的快乐。新颖的选题、巧妙的设计、现代化的教学手段，以及生动活泼的教学氛围体现了民主、平等、合作的师幼互动关系，再一次展现了弯丽君名师工作室成员对课程游戏化理念的精准解读及实际运用，赢得了现场观摩教师的一致好评。

活动结束后，弯丽君园长又组织了以自评为主、其他教师参与的综合评价方式，大家围绕《指南》及课程游戏化理念进行评析、讨论。研讨中畅所欲言，既总结出了执教者在授课中的优点，同时也找出了不足，并针对问题提出了改进的方法。

本次活动不仅展示了工作室教师的教育智慧与教学水平，对于观摩的老师来说更是一次难得的学习和锻炼的机会，同时也给工作室成员互观互学、交流研讨创造了学习的机会，发挥了团队力量及教学研究的积极性，有效地提升了全体工作室教师的教研能力。

最后，弯丽君园长做了总结发言，并对全体工作室成员提出了几点希望：希望每一位学员科学合理规划自己的成长路径，精心悟教，勤学善思，笔耕不辍；希望每一位学员，践行师德，学会教学、学会育人、学会发展；希望每一位学员从读书和写作中提升自己的专业化成长路径；希望每一位学员，精准定位，自加压力，怀揣梦想，大胆创新，在成长中彰显中原大地教师群体的最美风景，奏响教师专业化发展的最强音。

四月总结

为充分发挥中原名师工作室的“带动、引领、辐射、示范”作用、充分发挥中原名师工作室对教师专业发展的指导、支持、提升和优化等功能，优化教师的成长路径，引领教师专业发展，促进工作室成员的进步。2019年4月11日，弯丽君名师工作室在漯河市市直幼儿园开展集中研修活动。本次集中研修活动由漯河市市直幼儿园保教主任张抗抗主持，共分六项议程：

议程一：问卷调查

为了解每位成员的实际发展需求，工作室马林主任首先发放了问卷调查，从教师的教育教学水平，教科研水平以及所需要发展的方向进行了系统的调查，以便工作室能更好地引领成员专业化发展。

议程一活动

议程二：参观漯河市市直幼儿园区域活动

跟岗观摩活动可谓是干货满满，丰富的区域材料和幼儿有序的区域活动深深吸引着参观的教师。她们时而耐心地观看拍照，时而拿出本子认真地记录，生怕错过了什么精彩内容，相信成员们通过观摩一定有自己的所思所想。

议程二活动

议程三：计划宣读

弯丽君园长先就名师工作室2019年发展计划进行了阐述，明确了名师工作室的年度发展目标和具体实施策略。弯园长提出：“一个人可能走得很快，一群人会走得更远。学习，我们永远在路上。”在弯园长的带动下各位工作室成员踊跃发言交流自己的发展计划。各项计划详细务实，目标明确。

议程三活动

议程四：交流读书心得

读了弯园长的著作《守护幼儿平安的防线：幼儿园日常安全隐患与管理策略》，成员们纷纷交流自己的读书心得表示：安全无小事，警钟需长鸣。弯园长这本《守护幼儿平安的防线：幼儿园日常安全隐患与管理策略》犹如及时雨，既富有教育性，又有可读性和实用性，不仅可作为工具书答惑解疑，也可作为新教师入职必备手册。

议程五：赠书活动

弯丽君园长为工作室成员赠送另一本守护幼儿安全的姊妹篇《为平安幸福的人生奠基：幼儿园安全教育园本课程研究》，鼓励全体成员多读书，潜心写作，提升专业素养。学员们捧着弯园长亲笔签名的赠书纷纷表示：一定要精读细读，为幼儿的安全保驾护航。

赠书活动

议程六：弯丽君园长作研修活动总结，合影留念

弯园长指出："名师工作室为我们搭建了更高更远的发展平台，希望我们共同学习进步，共同提升和成长，耕耘不问收获，自有一路芬芳！"

合影留念

"人间四月芳菲尽，教育百花始盛开。"新的起点，新的征程，"一人拾柴火不旺，众人拾柴火焰高"。团队的力量无极限！当我们身处在这样一个优秀的团队中，应当学会感恩、把握每次的学习机会、砥砺前行。相信只要携手并进，定能让成长永不止步。

九月总结

正值清秋时节，凉意沁人，这潜滋暗长的寒意，丝毫未能消减中原名师弯丽君工作室成员们高涨的学习热情。2019年9月19日，漯河市市直幼儿园开展了中原名师弯丽君工作室集中研修安全教育教学活动，在弯丽君园长的带领下潜心观摩学习三位优秀青年教师精心准备的安全教育汇报课。老师们都早早地赶到漯河市市直幼儿园，大家满心期待本次活动，准备享受一场饕餮盛宴。

活动分安全教育观摩课和评课两个环节。在观摩课环节中，漯河市市直幼儿园袁晓燕老师、漯河市实验幼儿园赵丽敏老师和郾城区实验幼儿园李哲老师为大家呈现了三节安全教育课例，分别是大班安全课《安全防火我知道》《失踪的小兔》《一根羽毛也不能动》，三节课思路清晰，语言组织精准简练，以游戏的形式贯穿于整节课，使枯燥无味的安全教育活动变得非常有趣，孩子们都乐于参与，三节课均紧扣安全教育主题，既体现了幼儿园课程的活动性、开放性、综合性的特点，又在活动中引发了幼儿的思考，探究了解决安全问题的方法。

活动剪影（一）

观摩会上，各位老师认真记录，对照自己的教学实际，认真反思、提升认识。既带给大家思维上的碰撞，又使我们在具体教学实践中，有了新的启发和感悟。

最后，弯丽君园长畅谈了自己的听课感受，又对三节课进行了专业的点评，充分肯定了三节课的优点，也指出了有待改进的地方，并对以后安全教育的方向及名师工作室的各项工作又做了具体的部署。

活动剪影（二）

本次集中研修安全教育教学观摩活动紧凑而高效。活动结束后，与会教师均表示一定要树立健康至上、安全第一的理念，要采取行之有效的手段使每一个幼儿都能安全进园，平安回家。

2020年研修、分享、总结、再出发

2020年11月30日，根据《河南省教育厅关于深入推进中原名师培育工程的通知》精神，为充分发挥中原名师工作室的“带动、引领、辐射、示范”作用，充分发挥中原名师工作室对教师专业发展的指导、支持、提升和优化等功能，探索形成“名师带徒”式的培训模式，优化省级名师、骨干教师的成长路径，助力全省教师队伍梯级攀升体系建设，名师工作室主持人弯丽君

园长带领团队在漯河市市直幼儿园举行中原名师弯丽君幼儿教育工作室集中研修活动。

研修活动首先对工作室各项工作的计划安排、活动的开展过程、取得的成效进行了全面细致的总结。

活动剪影（一）

其次，根据工作室教师研修情况进行了问卷调查并进行梳理总结，结合成员调查问卷反馈，名师工作室将在下一个阶段优化培育方式，提供多元化的发展平台，在课题研究、讲评课、跟岗实践研修、论文写作、教师专业化发展等方面开展形式多样的研修活动。

同时向工作室成员宣布喜讯：《幼儿园幼儿安全习惯培养实操手册》这部专著自2020年1月大家开始书写，历经10个月，在大家的共同努力下，完成了13万多字的书稿，现已和华东师范大学出版社签订了出版协议，预计2021年5月之前出版发行。

再次，总结了工作室开展“燃梦行动·阅读打卡”的活动情况，赵海霞、徐南老师分享了读书打卡的心得体会。

弯丽君园长积极肯定了大家坚持阅读、积极学习的精神。并鼓励大家继续努力，让阅读成为一种习惯，让阅读内化为一种气质，形成一种素养。

最后，弯丽君园长带领团队成员又对《金色旅程——弯丽君名师工作室发展共同体典型案例分析》这部专著的体例架构进行了详细的分析和说明，并把名师工作室的成员根据个人的特长，有效分成了四个小组。各小组热烈研讨，建言献策。活动在紧张热烈的讨论中通过思想碰撞，形成共识，最后确立了这部专著四个篇章的具体内容。

活动剪影（二）

第二节　名师工作室中原名师工作室联盟活动

原想收获一缕春风，你却给了我整个春天。感谢刘梅、弯丽君、符丽、李阿慧四位中原名师带给我们的精彩培训。

这几次的联盟培训，既有教育专家的专题报告和现场答疑，又有一线教师的教学案例和同课异构展示课；还有学员围绕专题进行的研讨学习，使我们看到了一个广阔的世界。对我们既有观念上的洗礼，也有教学技艺的再培养提高，每一次学习都是一次实实在在的成长。

2017年6月19日至22日，中原名师弯丽君工作室在漯河市亚细亚大酒店与漯河高中、漯河市市直幼儿园举行首次省级名师、省级骨干教师培养对象进行第一次集中研修活动。

2017年11月21日至25日，中原名师刘梅、符丽、弯丽君幼儿教育工作室联盟的成员和学员们，来自全省11个地市的43位省级名师与骨干教师培育对象、周口市6个市级名师工作室成员共计120多人齐聚周口市实验幼儿园，参加了第二次集中研修活动。

2018年10月13日至17日，中原名师弯丽君、刘梅、符丽工作室在漯河市亚细亚大酒店举行第二次省级名师、骨干教师培养对象集中研修活动。

2019年12月26日，经省教育厅遴选，中原名师刘梅、弯丽君、符丽、李阿慧工作室的各位省级名师、骨干教师培训对象们怀揣着对教育事业的一腔热情，怀揣着对幼儿教育美丽的梦想共聚在信阳，满怀期待地参加“中原名师刘梅、弯丽君、符丽、李阿慧幼儿教育工作室联盟”培育省级名师、省级骨干教师启动仪式及第四次集中研修活动。

2021年6月3日至6日，中原名师刘梅、弯丽君、符丽三个中原名师工作室联盟组织省级名师、骨干教师、培育对象在周口市文昌幼儿园进行以“坚持自我成长，成就教育人生”为主题的第五次集中研修活动。

在这些培训的日子里，教育专家的讲座为我们的教育科学理论注入了源头活水，给我们带来了心智的启迪、情感的熏陶和精神的享受，让我们享受了高规格的“文化盛宴”。专家们的精辟讲解，给了我们深深的感触，使我们对新课程教育有了全新的认识，为自己在教学中遇到的许多困惑寻找到了答案。

在研修时，讲座的内容在我们心中激起阵阵波澜，这些不仅让我们了解到教学改革的前沿，而且还学到了先进的教学理念，在讲授的一些教学案例中产生了共鸣，也为我们今后的课堂教学指明了前行方向。

通过聆听专家的专题讲座、通过相互探讨寻找到了思想的沉淀和共鸣。没有震动就没有觉醒；没有反思就没有进步。新的课程理念、新的教学方法、新的评价体系，都使自己对教学与教研工作不得不重新审视和重新思考。我们应该在反思中成长，在探索中感悟；在交流中解惑，在研修中不断提高。

感谢中原名师刘梅、弯丽君、符丽工作室举办的这几期研修培训，给了我们多次探讨、梳理、总结、提升的机会，使我们得到了业务的提高和心灵的升华。这些紧张、忙碌而又充实的时光，令我们终生难忘，我们会永远珍藏研修培训的时光！

2017年弯丽君名师工作室培育省级名师、骨干教师研修

2017年6月19日至22日，在市教育局领导的亲切关怀下，在专家领导的指导帮助下，弯丽君工作室全体成员以课程改革为方向，以教育局相关文件为指针，以促进教师专业成长为目标，为了充分发挥中原名师的“带动、示范、引领、辐射”作用，弯丽君名师工作室在漯河市亚细亚大酒店与漯河高中、漯河市市直幼儿园举行了首届省级名师、骨干教师培养对象集中研修活

动。这次研修活动，采取专家讲座、名师引领、同课异构、课题研究以及观摩研讨的方式开展，圆满完成了研修任务，特总结如下：

一、专家讲座指方向，拓展视野厚积淀

研修活动的第一天，来自全省12个县市的12位省级名师、骨干教师培育对象以及工作室全体成员参加了开班仪式。紧接着，弯园长致欢迎词，向参加此次培训的学员表示热烈祝贺和欢迎，向为本次培训付出辛勤劳动的各位专家、教师及工作人员表示衷心的感谢。紧接着，名师工作室主持人弯丽君做了《区域活动环境创设与材料投放》的专题讲座，从区域环境的设置、材料的投放，以及教师评价与老师们进行了分享交流。让在座的老师们和工作室成员都收获满满。

下午特邀开封市教研员、学前云教研创办人刘振民，做关于《基于幼儿自主学习自主管理的区域设计、材料投放与教师指导》的讲座，刘老师用风趣幽默的语言、大量生动的案例为在座的老师们分析了目前我省区域活动的组织与实施中存在的问题，并用通俗易懂的语言对区域设置的要领、材料的投放原则、指导方法给了具体可行的方案。此次讲座不仅为在座的每位教师留下许多思考，同时也给老师们在以后的区域活动组织与实施中找到了正确方向。

二、课题研究练真功，研修活动促落实

为落实中原名师培育工作的各项任务，中原名师弯丽君幼儿教育工作室于研修活动的第二天，开展了省名师、省骨干教师“课题答辩”集中研修活动。

弯丽君名师工作室特邀河南省教育厅基础教研室课题管理办公室主任杨伟东、郑州幼专教育教学部主任梅纳新、漯河医专心理学教授贺斌担任评委，共有五位学员进行省级课题答辩，三位专家评委现场对课题题材的选择、题目精准的定位、内容的确定以及适宜的研究方法进行了专业、具体的指导，并给出了建设性的调整和修改意见，让在座的学员和工作室成员都收获满满。

三、同课异构提能力，砥砺思想促提升

研修活动的第三天，由三位学员进行了“同课异构”课堂展示，执教者在《指南》《纲要》的指导下设计以幼儿为主体的课程，每节课都重视让孩子在轻松、自由的环境中感受诗歌的内容和意境，真正体现了语言教育活动

的价值，也把以“儿童为本”的理念落实到活动的每一个环节中，让大家清楚地看到不同的教师对同一主题内容的不同处理，不同的教学策略所产生的不同教学效果，彰显了教师的教学个性和深厚的教学功底，受到了评委的高度赞扬。

在研修成员的积极参与下，每一项研修活动都收到了实实在在的效果。在同课异构的过程中，话题大至纲要的解读、教学内容的选择、教学目标的确定、教学设计的优化，小至课堂教师的投入度、驾驭力、恰当的课前导入、课堂积极的评价用语。研修活动展示了工作室成员课堂观察能力及评议能力，砥砺了大家的教学智慧，让大家思维的触觉更加宽广与敏感。

四、示范观摩展才情，交流辐射显情怀

研修活动的第四天，组织了区域观摩和示范课观摩。参加活动的除了来自全省的学员，还有全省、全市80多位一线教师。观摩活动主要共有两个内容，前半小时进班观摩区域活动，后半小时由弯丽君名师工作室成员河南省名师路雪萍展示一节健康教育活动《赶走不开心》。活动结束后弯丽君主持了学员分享交流活动，在评课环节很多老师积极发言，对路雪萍老师的课赞叹不已，从执教教师的教学理念、教育机制、师幼融洽关系以及重视孩子主动探究的教育思想等多方面给予高度的评价，深深地感受到了省级名师的教育水平和独特的教学风格，大家通过点评不仅提高了反思能力，更重要是感受到了幼儿心理健康教育的重要性，纷纷表示回去以后要从自己做起，重视幼儿的心理健康教育。

参训学员纷纷表示，本期培训时间虽短，收获颇丰。专家讲座为她们提供了理论基础，交流研讨为她们教育实践做好了铺垫，观摩示范课为她们提供了优秀的教学范例，区域观摩使她们领略了名园的风采。她们也进一步开阔了视野，拓宽了思路，找到了差距，明确了奋斗目标。并表示将所学的知识主动运用到实际工作中去，以便更好地为孩子们服务，为学前教育做出新的贡献。

弯丽君名师工作室按照制订的研修活动计划，有步骤地完成了系列研讨活动，取得了实实在在的效果。工作室全体成员向着“谋求专业高位发展，享受教育幸福人生”的美好愿景一路同行！我们坚信，有教育局领导的亲切关怀，有工作室成员的共同努力，名师工作室将不断总结培训经验，探索培

训规律，改进培训管理，进一步丰富培训内容，创新培训方式，使培训学习更具针对性、实效性、科学性，从而使培训工作再上新台阶。

弯丽君名师工作室

2017年6月23日

2017年中原名师刘梅、符丽、弯丽君幼儿教育工作室联盟培育省级名师、骨干教师集中研修活动

为深入贯彻《河南省教育厅关于深入推进中原名师培育工程的通知》精神，落实中原名师培育工作的各项目标任务，2017年11月21日至25日，中原名师刘梅、符丽、弯丽君幼儿教育工作室联盟的成员和学员们，来自全省11个地市的43位省级名师与骨干教师培育对象、周口市6个市级名师工作室成员共计120多人齐聚周口市实验幼儿园，参加了第二次集中研修活动。本次活动以专家引领、课题研究为重点，以同课异构、观摩活动为抓手，在学习与实践、反思与议课中，实现共同成长、共同进步。

11月22日上午，开班仪式在周口市实验幼儿园三楼多功能厅举行。周口市教育局副局长余卫国，教研室科长王普云和三个中原名师工作室主持人参加了开班仪式。开班仪式由中原名师刘梅主持。余卫国副局长首先讲话，对各位省级名师、骨干教师以及培育对象表示了热烈的欢迎与祝贺，重点介绍了河南省依托中原名师工作室培育省级名师、骨干教师这一举措的意义，对各位成员提出了殷切希望。学员代表也表达了对各位名师的感激之情，并表示一定会利用这次机会，努力提升自己。

开班仪式结束后，河南省教育厅基础教研究室课题管理办公室主任杨伟东给学员们做了参与式培训，通过展示目标任务，组织参研学员分组，设立公务人员（主持人、计时员、计分员、评论员），安排小组合作讨论，限时组间展示交流，及时量化计分评价，适时点评总结，进行表彰激励等环节，将培训目标任务落实在参研教师的语言上、行动上、心灵上，真正让参研教

师学有所获，学有所得！在长达三个半小时的报告中，不仅让参研的教师们体悟到了课题研究中的选题、立项与开题等问题，更重要的是让参研的教师们收获了美好快乐的心情。

河南省教育厅基础教研室幼教科室主任李丽以《幼儿游戏活动中的行为观察与记录》为题做了专题讲座。她采取理论与实践相结合的方法，从“游戏与观察”“观察准备与记录方法”“观察内容的分析策略”“观察中应注意的问题”几个方面详细地讲解了作为一线教师如何在幼儿游戏活动中对幼儿进行行为观察与记录。李丽的讲解娓娓道来，内容贴近工作实际，实用性强，非常接地气，让在座的一线老师受益匪浅，启迪幼儿教师去做一名会观察儿童、记录儿童、反思儿童行为的专业型教师！

浙江师范大学姜根华教授作了《教师成长的十个关键词》的报告。姜教授高屋建瓴地为大家解读教师成长中需要具备广阔的学术视野、厚实的理论素养、深刻的专业认知等，三个半小时的讲座，内容丰富，为在场的教师提出了许多切实可行的建议，使习惯于在忙碌中低头赶路的教师们抬起头来，回望曾经的路途，看清前行的方向，添加重新出发的能量。

同课异构活动中，来自三个名师工作室的学员根据同一个主题《有趣的冬天》分别设计了三节集体教学活动，刘艳艳老师的综合活动《下雪了》；崔爱红老师的科学活动《冬天的取暖工具》；邱艳霞老师执教的大班语言《雪地里的小画家》，三位老师从不同层面让孩子们了解了有趣的冬天。活动后，老师们畅所欲言发表自己的见解和看法，各抒已见，现场气氛活跃。

在观摩活动中，实验幼儿园分别展示了班内区域活动、室外大区域以及自制器械户外活动，学员们分成三组，从区域材料的投放、进区牌的制作、区域的布局及环境营造、幼儿在游戏中的规则意识等都进行了观摩。最让她们感兴趣的是我们的室外大区域，共分为四个区域，孩子们无论是选区还是在区域内游戏，都是那么兴趣盎然，有条不紊。自制户外体育器械活动时，学员们感叹自制体育器械的种类之多，更叹服老师们的想象力。

在本次活动的毕业典礼上，三位学员们分享了培训的心得体会，对这次的培训内容和培训方式都非常赞同，同时也感谢三位名师工作室提供这么好的学习平台，相信此活动的开展一定能带动全省更多的名师骨干教师在实践中学习、在学习中反思、在反思中成长。最后名师刘梅分别给所有的学员颁发了结业证书，并合影留念。

中原名师刘梅、符丽、弯丽君幼儿教育工作室联盟培育
省级名师、骨干教师集中研修培训开班仪式

周口市教育局副局长余卫国致词学员代表发言

河南省教育厅基础教研究室课题管理办公室主任杨伟东
给学员们做了参与式培训

学员刘艳艳老师执教的综合活动“下雪了”

崔爱红老师执教的科学活动“冬天的取暖工具”，感受“雪”纷纷扬扬落下的学员

学员邱艳霞老师执教的大班语言“雪地里的小画家”

河南省教育厅基础教研室幼教科室主任李丽《幼儿游戏活动中的行为观察与记录》讲座

学员们参观室内区域活动，并参与其中

毕业典礼上名师工作室成员与学员们合影留念

2018年中原名师刘梅、符丽、弯丽君幼儿教育工作室联盟培育省级名师、骨干教师集中研修活动

为充分发挥中原名师工作室的“示范、引领、辐射、带动”作用，充分发挥中原名师工作室对教师专业发展的指导、支持、提升和优化等功能，探索形成“名师带徒”式的培训模式，优化省级名师、骨干教师的成长路径，将中原名师工作室打造成为全省名师、骨干教师的培育基地，助力全省教师队伍梯级攀升体系建设，中原名师弯丽君、刘梅、符丽工作室于10月13日至17日在漯河市亚细亚大酒店举行第二次省级名师、骨干教师培养对象集中。

研修活动。 14日上午8点，开班仪式在漯河市亚细亚大酒店二楼会议室隆重举行。出席本次活动的有漯河市教育局党组成员、调研员吕登峰，基础教研室主任杨东华，漯河市市直幼儿园园长袁玉萍，三个工作室主持人及全体成员，名师工作室培育对象，全市各县区幼儿园园长和骨干教师。

开班仪式

据了解，本次研修活动以“专业引领、交流探讨、共同提升”为宗旨，为期五天，逐步进行专家讲座、同课异构、课题开题、组织观摩、推广应用交流等活动，力争实现“名师引领、资源共享、优势互补”的教师专业发展和学校教育的全面发展。

教师
SHOT ON MI 6X
MI DUAL CAMERA
河南漯河市市直幼儿园

河南漯河市市直幼儿园

2018年
河南漯河市市直幼儿园

专家讲座活动

在专家讲座活动中，邀请到全国著名语文特级教师，杭州市未来科技城海曙小学校长闫学做《教师专业成长的向上天梯》专题讲座；浙江师范大学杭州幼儿师范学院副教授，硕士生导师周小虎做《PCK视野下的教师学习》专题讲座；河南省教育厅基础教研究室管理办公室主任杨伟东做《指向核心素养培育的教师发展》专题讲座。

几位专家精彩的讲座为在座学员带来一场场视听盛宴，给大家带来了很多新思路、新认知。既有高度概括的理论，又有鲜活生动的事例，并从不同方面提到教师专业化成长的重要性，读书的重要性，倡导阅读应该成为一种生活方式，应该贯穿于每一位教师的生命。要想成为专家型的教师，一定要做一个善于更新知识的学习者，只有终身学习才能在教育这条路上越走越远。

同课异构活动

同课异构活动中，由刘梅工作室安乐执教的大班美术《秋天的树叶》，弯丽君工作室张媛媛执教的大班音乐游戏《树精灵的舞会》，符丽工作室郭君娜执教的大班绘本《阿嚏，大熊，阿嚏！》，三位老师以不同的教育构思，不同的教学方法，呈现出不同教学风格的课堂。

活动中教师充分发挥了孩子们的想象力和创造力，调动了孩子们的主动性，孩子们和观摩老师们积极的互动，将本次活动推向了高潮。

在区域观摩活动中，幼儿能根据自我意愿进行自主选择区域，变被动学习为主动学习，低结构、有趣材料的投放显示了市直幼儿园教师的专业和智慧，孩子们在玩的过程中发现问题，探讨问题、解决问题的能力令人惊讶，学员们不停地拍照、记录，对孩子的发展现状和老师们的创造力给予很高的评价。

重点课题开题活动

随后进行的是两个重点课题“基于中原名师培育工程有效引领名师成长的实践研究”“幼儿园日常安全隐患与管理策略”的开题活动，评议专家杨伟东、贺斌、胡新颖现场听取汇报。

弯丽君介绍成果

在省级课题“幼儿园安全教育园本课程研究”成果推广应用交流会上，弯丽君对课题的研究内容及价值进行详细的介绍，使在场的学员受益匪浅。

活动成员合影

通过此次研修，每个学员都有最大的获得感，增强了教师的使命感和责任感。作为培育对象的学员们纷纷表示，一定会拿好接力棒，传承责任、使命与担当，关注思考今天的教育，做教育的实践者、改革者。相信，在不久的将来，一定会涌现一大批优秀的中原名师！共同谱写幼教新篇章！

2019年中原名师刘梅、符丽、弯丽君幼儿教育工作室联盟培育省级名师、骨干教师集中研修活动

在冬日的暖阳里，我们怀着喜悦的心情，迎来了远道而来的客人，2019年12月26日，经省教育厅遴选，中原名师刘梅、弯丽君、符丽、李阿慧工作室的各位省级名师、骨干教师培训对象们怀揣着对教育事业的一腔热情，怀揣着对幼儿教育美丽的梦想共聚在信阳，满怀期待地参加“中原名师刘梅、弯丽君、符丽、李阿慧幼儿教育工作室联盟”培育省级名师、省级骨干教师启动仪式及集中研修活动。

工作室联盟合影

12月26日上午，“中原名师刘梅、弯丽君、符丽、李阿慧工作室”省名师、省骨干教师培育工作及集中研修活动开班典礼在信阳开元八楼会议室举行。淮滨县教体局基教股刘敏股长、周口市实验幼儿园刘梅园长、漯河市市直幼儿园弯丽君副园长、淮滨县直机关幼儿园符丽园长、平顶山市平东幼儿园李阿慧园长出席开班仪式。省级名师、省级骨干教师培育对象及四位中原名师工作室全体成员参加了本次活动。

开班仪式

符丽园长主持开班仪式，并代表工作室联盟的四位主持人向参加此次培训的学员表示热烈祝贺和欢迎，对此次培育工作的开展寄予了深切期望。弯丽君园长致辞，弯园长在讲话中指出："此次培训参训人员多，意义深远。依托中原名师工作室培育省级名师、骨干教师是我省教师培育模式改革的一项重大机制创新，对进一步发挥中原名师工作室对教师专业发展的指导、支持、提升和优化等功能，探索形成'名师带徒'式的培训模式，优化省级名师、省级骨干教师的成就路径，助力全省教师队伍梯队攀升体系的建设意义重大。"

一、精彩在线

为打造区域性教学合作团队，努力形成全省幼儿教育领域中有成就、有影响的高层次教师团队，进一步推动河南基础教育优质、均衡、科学发展，省教育厅启动了"依托中原名师工作室培育省级名师和骨干教师"计划。为了让参训教师能有更丰硕的收获，位于豫南地区的周口刘梅名师工作室、漯河弯丽君名师工作室、信阳符丽名师工作室、平顶山李阿慧名师工作室携手共同主办培训工作。

培训合影

二、花絮展播

12月26日，“中原名师刘梅、弯丽君、符丽、李阿慧工作室联盟”省级名师、骨干教师培育对象正式报到。为了圆满完成此次研修活动，四个名师工作室进行了充分的准备，从研修方案设计、到专家团队组建，乃至食宿安排都经过精心研究，努力为学员们顺利完成研修任务营造最优质的环境，并组建后勤服务团队解决学员们的各方面问题，以确保研修质量。

《幼儿园课程研发的问题思考与建议》专家讲座
主讲人：刘力（浙江大学教授）

《培养深度学习的幼儿——去小学化背景下的幼儿研究与支持》
主讲人：房阳洋（北京师范大学博士）

同课异构——《厉害了，我的国》

热烈讨论

现场研修活动组织有序，内容丰富，精彩不断。大家共同分享教学经验，现场一片热烈景象。

“千里之行，始于足下。”新的旅途开启新的征程。学习是一件愉快的事情，也是人生崇高的精神享受。我们十分珍惜这次四个中原名师工作室学员的相聚、相知、相学、相助的机会，真诚传递彼此的友谊、学识、经验和智慧，让我们通过本次集中培训搭建的砥砺思想、分享经验、提高技能、增进友情的平台，共同努力，携手并进，再次将豪情灌满风帆，开启新一轮诗意与幸福的远航！

2021年中原名师刘梅、符丽、弯丽君幼儿教育工作室联盟培育省级名师、骨干教师集中研修活动

刘梅（左二）、符丽（左一）、弯丽君（右一）、柳海民（右二）合影留念

刘梅名师工作室

弯丽君名师工作室

符丽名师工作室

本次集中研训日程安排充实丰富，涵盖专家讲座、教学活动观摩、参观幼儿园环境创设、分组研讨等内容。

6月3日上午，柳海民教授的讲座《幼教名师的专业品质和关键能力》开启了集中研训活动正式内容，他详细讲解了成为一名幼教名师所需具备的专业品质和关键能力，对参训学员如何尽快成长为一名合格的幼教名师提供了有效途径。

柳海民教授的讲座

6月3日下午，刘梅名师工作室成员张丹、李红云、房春三位老师进行了三节不同领域的现场集体教学活动。教学活动结束后，中原名师符丽、弯丽君对三节活动进行了专业、中肯的点评，对授课教师如何更好提高教学水平给出了合理建议，现场参训教师也逐一进行了点评发言。

大班打击乐《闪闪红星》（李红云）

大班看图讲述《抗日英雄王二小》（张丹）

大班美术《黄金面具大变身》（房春）

参训教师发言

6月4日上午，参训学员参观了我园走廊环境、班级环境、种植区等，对幼儿园环境创设工作进行了现场交流。

参训学员参观幼儿园

中国早期儿童音乐舞蹈教育与发展研究中心研究员耿涛老师现场组织了两节音乐律动教学活动。然后，他以《“心中有律 随乐而动”律动教学活动的小窍门》为题进行了讲座，用实际案例详细讲解了如何科学合理地进行音乐律动活动，活动中参训教师被耿涛老师的精彩讲座所吸引，现场互动气氛活跃。

耿涛老师现场教学活动

6月4日下午，南京市全人教育研究院副院长励旻琦老师的讲座《指南背景下幼儿园课程建设理念与思路》，对如何在落实指南背景下建设高质量教育体系进行了详细解读。

励旻琦老师的讲座《指南背景下幼儿园课程建设理念与思路》

6月5日，南京市滨江幼儿园园长余晖老师以《幼儿园游戏活动观察与解析》为题，用实际案例对如何丰富幼儿园游戏活动，更好发挥游戏活动对幼儿成长的促进作用进行了重点讲解。

余晖老师讲座《幼儿园游戏活动观察与解析》

6月6日，张泽东博士的讲座《基于情感智力研究的园长和教师专业发展》，从自我管理等方面对如何成长为一名优秀的老师、园长，如何更好更快促进教师专业发展方面进行了科学具体的讲解。

张泽东博士讲座《基于情感智力研究的园长和教师专业发展》

此次集中研训活动取得圆满成功。我园牛锦华副园长做最后总结：通过集中培训和参观，相信每位老师都收获满满，受益匪浅。我们始终带着一种学习的态度、一种研究的心态在学习，不断追逐教育理想。

本次活动丰富了老师们的幼教理论知识，开阔了眼界，提高了个人综合素质，参训老师纷纷表示，要以此次研训为契机，把学到的知识与实践有机结合，为促进全省幼儿教育高质量发展做出自己应有的贡献。

第三节　名师工作室开展共读一本书活动

弯丽君名师工作室读书沙龙活动方案

一、指导思想

“把阅读作为一种生活方式，把它与工作方式相结合，不仅会增加发展的创新力量，而且会增强社会的道德力量。”“用闲暇的时间来阅读是一种享受，也是拥有一种财富，可以说终身受益”，这是李克强总理把“全民阅读”写入《政府工作报告》后回答《人民日报》记者时说的两句话。足以道明了“一个民族的精神境界取决于这个民族的阅读水平”“一个没有书香的学校不可能有真正的教育”。

为了增强工作室每一位成员的读书意识，促进自身的快速成长，根据名师工作室计划和学校读书工作安排，特制订读书计划。

二、活动主题

读书沙龙：书海遨游拾贝，阅读浸润人生

三、参加人员

弯丽君工作室全体成员

四、活动时间

2020年1月—3月，自主阅读，进行摘录、撰写读后感。

2020年4月中旬进行读书沙龙。

五、活动目标

通过开展读书活动，使工作室每个成员在以下三个方面得到进一步提高：

1. 培养多读书、读好书的习惯，努力提高自己学习理论的热情，实现教师有效积累。通过阅读，教师及时更新教育理念，紧跟教育的时代潮流，不断充实自己的头脑，补充教育理论知识，改善自身知识结构，提升教师理论和实践水平，将读书所得运用于实践，推进课程改革，有效改进自己的教学行为。

2. 营造学习氛围。通过读书活动，营造积极进取、努力学习的氛围，使教师养成良好的读书习惯和思考习惯，培养终身学习、终身思考的自觉意识。

3. 加强教师队伍建设。通过读书进一步提升自己的理念，开阔视野，积累教学经验从而形成自己独特的教学风格，教师朝着有哲学的头脑、有学者的风范、有精湛的教艺、有愉悦的心境这一目标不断迈进。

六、活动措施和要求

1. 推荐读书书目。工作室向教师推荐读书书目，鼓励教师广泛阅读。

2. 制订读书计划。工作室召开读书活动动员会，统一认识，明确目的。引导教师结合自己教育教学工作实际，选择阅读推荐书目，或自己另选阅读内容，但一定要与教育或本专业教学内容紧密相关，教师要制订出个人的读书计划。

3. 自主研读。每天坚持一小时及以上的阅读量，力争读有思考，坚持读书与反思相结合，带着问题读书，寻求解决问题的方法，潜心写好读书心得。坚持读书与课程改革相结合，充分理解新课程，在课堂教学中融入新课程理念，实施新课程。

4. 创新读书形式。要积极开展灵活多样的读书活动，在学习方法上要做到集中学习与自主学习相结合、精读与通读相结合，做到阅读与摘抄、写心得体会相结合。

5. 搭建读书平台。要充分利用学校现有的图书、阅览室和网络资源，要有效利用学习时间、节假日开展读书活动。

6. 落实阅读时间。积极开展“三个一”的读书学习活动，即每天自学一小时，每月读一本教育专著，每学期写一篇学习心得。阅读时要作好批注，写好读书笔记、并及时上传到工作室公众号。

7. 积极参加学校组织的各项读书沙龙活动。

希望名师工作室的成员通过自己的读书实践，能尽快提高自己的教育教学理论水平、科研能力和运用理论处理教学实际问题的能力，提高人文素养，培养完善的读书人格，成为有知识、更有文化底蕴的优秀教师。

七、读书沙龙活动环节

第一环节：互动环节

互动话题：

1. 在忙碌的教学工作中，你养成主动读书的习惯了吗？
2. 除了共读书目，你还喜欢什么类型的书？
3. 读书后可曾引发思考？
4. 阅读对你的专业成长有帮助吗？体现在哪里？

第二环节：谈读书心得体会

教师就自己印象最深的一点，结合自己的教育教学实践，谈谈自己对教育教学的理解。

第三环节：弯丽君名师对本次活动做总结

读书沙龙活动具体要求：

1. 第一环节采取现场研讨的方式，请每位老师就其中一个话题重点思考，交流时畅所欲言（每人1—2分钟）。

2. 第二环节部分教师独立发言，避免照本宣科，主持人做好主持工作，组内人员积极互动。

“书海遨游拾贝，阅读浸润人生读书沙龙”活动总结

针对教师的教学和教育工作的需要，根据“弯丽君名师工作室”统一安排，工作室成员精心挑选了自己喜欢的专业书籍和文学书籍作为必读书目，在放假期间让各位老师进行阅读，并撰写读书心得，使教师能够从中不断提高自身的文学修养，理论功底、了解教改动态，学习新的教育方法、增强教

学的本领，做一个有涵养的幼儿教师。工作室全体成员积极响应读书活动的号召，在2020年4月成功举办了线上读书沙龙交流活动。

活动中老师们表现出了前所未有的积极性，线上气氛非常活跃。弯丽君园长寄语大家要把书读活、读新，老师们主动展示自己收藏的好文章与大家共享，从优秀作品中汲取营养丰富知识、开阔视野，从而提高文化底蕴和文化修养。本次读书交流活动的开展，老师们之间形成的进取、互学的氛围，激发出智慧的火花，启迪教育教学的灵感，切实解决了部分教育中的问题，做得好的方面有：

1. 对教育教学活动的认识提高。每位老师对教育教学活动与读书的关系更加明确，认识到多读书才能适应新时代的教育，才能做智慧型教师。

2. 读书笔记。教师积极做读书笔记，读书笔记本中及时摘录优秀语段，重点谈自己的学习体会、感悟，能提出思考性问题，并积极参与交流和工作室"读书沙龙"专题讨论活动。

3. 推荐与自荐阅读相结合。教师推荐自己喜爱的书籍交流，以促进个性化的阅读。市直幼儿园的龚晓莹老师把读书做为最时尚的活动，把读书作为最好的习惯来养成，在活动中与各位教师一起分享了李镇西的《做最好的老师》，使线上教师感受颇深。读书交流活动填补了教师心灵深处的空白点，让教师的人生丰盈起来。

由于疫情的影响，此次我们组织的读书交流活动还存在很多不足，不能让工作室的成员面对面地交流分享，只能期待疫情常态化的情况下能以灵活、多样的形式在轻松的氛围中畅游知识的海洋，从而更新教师的教育教学理念，丰富并形成教育智慧，扩展精神教育的空间。

工作室成员读书感悟

邂逅——《非暴力沟通》

刘 娟

朋友送了我一本书——《非暴力沟通》，希望能对我有所帮助！我是一个10岁女孩的妈妈，我的孩子在别人的眼里活泼、善良、勇敢、阳光、多才多艺！虽然我是一名幼儿教师，可能是职业病吧，每天见惯了班上最优秀的孩子，甚至是整个幼儿园里最优秀的孩子，所以我一点儿都不觉得我的孩子优秀，因为我总是拿女儿的缺点和别人的优点比，因此更是对女儿的要求一直很严格，包括自理能力、学习方面、与人交往、尊敬长辈等等各个方面，现在看来，我的说教很多，鼓励较少，当孩子没有达到预期的效果，我就会发火，甚至打骂，可是打骂好像也是治标不治本，下一次，女儿依然是外甥提灯笼——照旧。而女儿受批评的原因大多是平时丢三落四，做事三分钟热度，并且注意力非常不集中，做事时拖拖拉拉，做着玩着……这让我非常苦恼。我的心情糟糕透顶，我叮嘱、忍耐、唠叨、催促、提醒、劝说、警告、发火、打骂……十八般武艺轮番上阵，然而涛声依旧、收效甚微！

孩子怎么了？我怎么了？是我的问题还是孩子的问题？我该怎么做才能改变孩子的现状？我想了很多，想到当我面对一个个班上的问题孩子时，我是付出了怎样的耐心、爱心、鼓励、等待，为什么面对自己的孩子时竟然会如此急躁，只有指责、批评、鲜有鼓励！我有心调整心态，调整行动，改变自己，但是却好像在浩瀚的大海里航行，找不到方向……

恰似久旱逢甘霖，我与《非暴力沟通》完美邂逅，非常感谢朋友及时送我的这本书！看完这本书，再次审视我与女儿相处的模式，更是让我尴尬！让我愧疚！它让我知道对于自己的孩子，无论是谈话方式还是语言都是充满“暴力”的，这常常引发我自己和孩子的痛苦，但是我却总是无法控制自己的行为和语言！比如，每每孩子的许多事情没有按照我设定的时间段来完成，分分钟就会点燃我的小宇宙，我就开始利用暴力语言催促她，其实这样不仅伤害了孩子也伤害了自己，做完以后自己立马又很愧疚，然后提醒自己下次遇事一定要冷静，可真正遇到具体问题又开始运用暴力，恶性循环。又如孩子的功课，我急于给她补习，在外面虽然和风细雨，但是在家里一看到女儿不急不忧的神态，心里就极度不舒服，基本就是河东狮吼，家里家外判若两人！事后女儿哭着说我没有耐心，我抱紧她向她道歉，女儿泪流满面：“我希望自己写作业能专心，不让妈妈生气了。”当听到女儿的话，我的心中也满是悔恨。

其实人生最大的障碍是自己，如果不能破除我对女儿那份执着，就很难获得真正的快乐。我之所以觉得痛苦，是因为我害怕失败，害怕事情没有像“我”想的那样发展运行，害怕事情到最后，并没有获得“我”预期的结果，所以“我”就会痛苦。

如果我学会运用非暴力沟通的方式，不要一开始就指责孩子，让孩子申辩反击，体会自己的需要，明确地表达出来，就事论事，也不要将之前的种种不满表达出来，孩子就不会站在自己的对立面。

其实大多时候，如果父母只提出明确的要求，孩子一般会把它看作是命令或指责；如果父母想避免误解，那么他们可以先说出感受和需要。

在这本书的引导下，我发现：在表达愿望时，只要不发号施令，我们的想法就会愉快得多。如果我们的请求已成为对他人的要求，一旦别人没有满足我们的要求，我们难免会指责他们。而一旦他们认为不答应我们就会受到惩罚，他们就会把请求看着是命令。

那么我们该怎么表达愤怒呢？停下来深呼吸，静静体会想一想是什么使我们生气？了解自己想要的满足的需要。倾听，把注意力放在尚未满足的需要，而不是考虑他人有什么过错。

以前，无论是亲子沟通还是亲人之间的对话，当我感到对方是指责的语气时，不管他说得对不对我立马就会反驳，不会去想话后面的含义。对于孩子来说应该也是一样，本来家长的出发点是关心和爱，但因为语言语气的使用不当常常造成我们不但未解决问题反而不欢而散引发出新的问题。每天晚上我总要催促孩子少玩一会儿，赶紧刷牙洗脸读书睡觉。可每次收效甚微，还常常因为这个小事弄得睡前不愉快。

“任何时候，一个人都不应该做自己情绪的奴隶，不应该使一切行动都受制于自己的情绪，而应该反过来控制情绪。无论境况多么糟糕，你应该去努力支配你的环境，把自己从黑暗中拯救出来。无法控制自己情绪的人，会给自己和他人带来不可预料的灾难。当你深陷情绪的深渊，让理智随时被情绪牵着走，那么你离后悔就不远了。真正成熟的人，一定是有能力控制自己情绪的人。”

书中这段话时刻警醒着我，每次控制不住想要发火时，赶紧看看这段话，深呼吸，希望会有改善。

《非暴力沟通》让我学习了如何让爱融入生活，而不以自己的方式强行地去爱，试着去“懂得”，给予对方所想要的，而不是给予对方我们想给予的。

愿我们都能幸运地融入这条非暴力沟通的路上，不断地学习放下自我，学会有效地与他人沟通，遇见更美好的生活！

让师爱还孩子童真

——读李镇西《做最好的老师》有感

龚晓莹

李镇西的大名，如雷贯耳。他的著作《爱心与教育》很早就听说过，假期中有幸拜读此著作，让从事幼儿园管理工作中的我明白了“爱是教育的主题，爱是教育的源泉”。其中反映李镇西老师心声的《做最好的老师》一文，更使我对师爱有了更深更透彻的理解。

我以前只知道教育需要“爱”，却不知道如何才能更好地表达这份爱。曾经在幼儿园一线的我认为“严”才是真正的爱，因为有句俗话说得好：“严是爱，松是害。”所以，在我的课堂中，我决不允许孩子有丝毫的怠慢，哪怕回一下头，摸一摸下巴……我都认为这是违反课堂纪律的，必须予以“严惩”。当然，这“严惩”指的是批评教育。在这样的“高压政策”下，孩子们出奇得“乖”，其实，在我的内心深处一直渴望能和孩子们一起玩、一起乐，但师道尊严令我望而却步。看了李镇西老师的“童心是师爱的源泉”，才知道一直以来，我一贯以成人的标准来衡量孩子，以成人的眼光来看待孩子，希望他们变成我想象中的——“小大人”，个个成为懂事、听话、尊敬老师、孝敬父母、多学习少玩的完美类型。孩子们成了我制造的模具中的工具。孩子们需要的是什么？我了解吗？不，我并不知道。而李老师呢？他能够在教育学生时“向学生学习”，他能够大声疾呼并真诚地实践着“请尊重学生的选举权”，他努力追求着“成为学生最知心的朋友”“回答学生最关心的问题”，他勇于在学生面前承认自己的错误，他也谆谆教诲着年轻班主任要“乐于请教”“勇于思考”“广于阅读”“善于积累”。

李老师说得好：“教育是心灵的艺术。如果我们承认教育的对象是活生生的人，那么教育过程便绝不是一种技巧的施展，而应该充满人情味；教育的每一个环节都应该充满着对人的理解、尊重和感染，应该体现出民主与平等的现代意识。虽然就学科知识、专业能力、认识水平来说，教师远在学生之上，但就人格而言，师生之间是天然平等的；教师和学生不但是在人格上、感情上平等的朋友，而且也是在求知道路上共同探索、前进的、平等的志同道合者。”……读着李老师的文字，感悟着他的心灵，回忆着自己的教学行为，我陷入了沉思：“亲其师，而信其道”，古人尚却明白的道理，可我……实在汗颜。

现在，我才明白把一个个天真活泼的孩子教成“小大人”式的学生，是教育的悲哀。因为我们剥夺了他们一生中最美好的时光——童话般的童年。作为教师，在面对孩子时要保持一颗童心，以自己的童心唤起学生的童心，以自己的爱心唤起孩子的爱心。只有这样我们才能够走进孩子的心灵，才能够表达我们对他们的爱。也只有这样我们才有资格谈我们的教育。我们要创设平等、民主、和谐的教育氛围，放下自己的架子，用爱心营造积极健康、生动活泼、民主和谐的师生关系，让爱心成为照耀学生心灵的阳光，培养孩子健康的人格，使孩子的素质得到全面和谐的发展。

一、开放孩子的时空，使之充满活力

开放孩子的时空，使之充满活力，教师必须摘下“师道尊严”的面具，让自己的主导地位不至于变成“主宰”地位，建立起民主、平等、亲切、融洽的师生关系，使孩子向教师敞开心灵的大门，说出自己的真实感受和思想，敢于在教师面前真实地表现自己，充分展现自己的个性，并自我挖掘出创造性的潜能。要做到这样，还孩子发言权，还孩子活动权。否则就等于堵塞了他们学习发展的渠道，久而久之，孩子将被动地接受信息，变成“录音机”，变成“容器”。

二、关爱孩子，使其“亲其师，而信其道”

《学记》中云：“亲其师，而信其道。”人非草木，孰能无情？老师关爱孩子必然赢得孩子的爱戴，孩子也必然会将爱师的感情转化到这位老师的教学中去。反之亦然，如果我们对每个孩子不做到力戒“忘事忌语”，即使您一切为了孩子，而孩子却受到您的言行的影响，或疏远您，或与您产生对立情绪，渐渐地变成被动学习，甚至厌恶学习。

三、教师要有良好的素养

幼儿园老师工作有着枯燥重复的特点，每天要面对大量繁杂、琐碎的教育和生活问题，若不能以平常心态对待周围变化的事物，久而久之脾气会变坏。如果急躁不能克制自己，变得激动，训斥孩子，凭主观臆断妄下结论，会挫伤孩子们的自尊，使孩子产生逆反心理而失控，导致心理失衡现象。我们要认识到我们的任务是去帮助每一个孩子成功，对其不规范行为，只有引导，认真去做思想工作。要知道：我们对孩子的方式，也是孩子对待我们和别人的方式。所以我们要抛开一切“面子”的事，具有良好的素养，从孩子角度去思考，调整好自己的情绪，及时将一触即发的矛盾缓冲过来，增进师生情感。

童年拉开了我们人生的序幕，在那天真烂漫的季节里，孩子填写着那份美丽的色彩，他们在快乐中成长着。让我们放下架子，尊重、宽容、理解孩子，笑口常开，还孩子童真，相信孩子必将因我们的改变而变得更可爱、更快乐。

第四节　名师工作室开展教科研活动

风好正是扬帆时，2015年，漯河市唯一的“幼教省级名师工作室”——中原名师弯丽君工作室成立了！自工作室成立以来，在中原名师弯丽君园长的引领下，名师工作室积极发挥了其引领、示范、带动和辐射作用。在这里有教育名家的引领和打造，有团结协作、积极向上的名师团队的督促和关怀，有工作室小伙伴的支持与信任……六年来，怀着追求卓越之心，迈着踏实、沉稳的步伐，在中原名师弯丽君工作室的引领下，大家一起共同学习、共同成长，教育科研之路越走越宽阔！

课题研究是教师专业成长最为有效的方法。科研能力一直是幼儿教师专业素养中的“短板”，幼儿教师往往关注教学能力的进步，而忽略了“以研促教，以研助教”的意义。弯丽君名师工作室不仅搭建了一个名师领衔的优秀教师专业发展的平台，而且通过这个平台基于幼儿园日常生活、教育教学活动中遇到的问题，组织申报课题，开展科研活动。在科研课题研究中，工作室成员注重教育科研理论与教学实践的结合研究。中原名师弯丽君工作室通过申报课题、利用适宜的科研方法开展研究以及研究成果的撰写等，努力引导老师们从“经验型”向“研究型”教师转变，推动幼儿教师队伍科研能力的发展，真正做到以点带面，逐步提升了教师队伍整体的专业化水平，推进了地方区域幼儿教育的均衡发展。弯丽君名师工作室教科研活动中独具特色的教学主张对我市幼儿教育教学改革起着极大的推动作用，为教育的发展注入了新的活力，使得名师们和幼儿园其他骨干成员在合作交流中实现了专业共同成长。

教研活动也是提升教师专业化发展的一个重要方面。随着网络的普及，网络资源也越来越丰富。于是网络教研应运而生，成为引领教师专业成长亮丽的风景线。弯园长利用CCtalk网络平台，集结来自天南地北的一线教师、教学骨干与教育名家面对面交流对话，倾诉困惑，领略教育名家在教育教学方面的独到见解、理论的高度和有的放矢的实践经验，启发和帮助老师们更新教育观念，学习新理念。网络教研也真正成为大家专业成长的沃土。

弯丽君名师工作室通过组织河南省各地市成员、老师们参加如课题研究、网络教研等丰富多样的教科研活动，真正落实“以研促教，以研助教”帮助提高教师的教育教学水平，深化教师专业理论，为造就大批卓越教师、专家型教师而努力前行！

中原名师弯丽君工作室成员积极参加省级、市级课题研究，在幼教的教科研领域潜心研究，成绩斐然。工作室研究的省级课题、省级重点课题以及成果多次荣获河南省一等奖，可谓硕果累累。在深入课题研究的同时，她还积极推广教科研成果，撰写论文出版专著，努力提升教科研的研究价值！2015年至今，弯丽君园长已撰写出版了四本专著，她撰写的多篇论文在中文核心期刊以及《教学与研究》上相继发表，2018年10月中原名师弯丽君获得河南省高层次人才“千人计划”中原领军人才的称号。一花独放不是春，百花齐放春满园，在弯园长的带动、鼓励和鞭策下，工作室读写氛围浓郁，共学习，同成长！

中原名师弯丽君工作室就像金色的阳光，照耀着我们努力前行，在这金色的教科研旅程中，每个人不断反思自我、发现自我、超越自我、成就自我，努力谱写华彩的成长乐章！

“幼儿园日常安全隐患与管理策略的实践研究”研究报告

河南省漯河市市直幼儿园

第一部分　研究概况

一、研究意义

1. 开展安全教育活动是贯彻落实国家政策的必然要求。

国务院 2010 年颁发的《国务院关于当前发展学前教育的若干意见》明

确要求，各级政府新增教育经费要向学前教育倾斜，安全教育作为学前儿童教育的重要内容之一，理应得到更强有力的支持，强化幼儿园安全监管。2010年7月国家教育部正式公布实施《国家中长期教育改革和发展规划纲要（2010—2020年）》，在纲要中明确提出了要“重视安全教育、生命教育、国防教育、可持续发展教育”。

2. 在幼儿一日活动中找准存在的安全隐患和管理策略是开展安全教育活动的关键。

《幼儿教育指导纲要》明确指出：“幼儿园必须把保护幼儿的生命和促进幼儿的健康放在工作的首位。”因此，在幼儿园教育工作中，把幼儿的安全问题看作是保教工作的重中之重。为了保证幼儿的安全，本研究将一日活动中的安全教育作为研究的切入点和突破口，通过实践探索研究，从幼儿入园至离园一日活动的各个环节，开展形式多样的安全教育，找准幼儿一日活动中的安全隐患，并梳理总结对应的策略，促进幼儿健康成长。

3. 开展安全教育活动是幼儿健康成长的有力保障。

“安全即生命。”对幼儿进行安全教育是幼儿教育永恒的主题，为了更好地贯彻《幼儿园教育指导纲要》《幼儿园管理条例》《幼儿园工作规程》《3—6岁儿童学习与发展指南》等精神要求，努力遵循“以幼儿全面发展为本”的学前教育课程理念，以安全观为主线，致力于对幼儿进行安全教育，让幼儿掌握基本的自我保护常识，提高自我保护能力，促进幼儿体能智力发展，培养体、德、智、美全面发展的高素质幼儿，并为其将来走上成人、成才、成功之路奠定坚实的人生基础，以其完成幼儿教育的总任务。

二、国内外相关研究文献综述

本研究是有关幼儿一日活动中安全隐患及其防范对策的调查研究，旨在了解幼儿一日活动中存在哪些威胁幼儿身心健康的安全隐患，从而探讨提高幼儿一日活动中安全性的有效策略。因此，研究者以“入园”“盥洗”“进餐”“如厕”“饮水”“集体教育”“区域活动”“户外活动”“体育游戏”“散步”“午睡”“大型活动”“离园”为关键词，检索了近年来中国期刊全文数据库、中国优秀博硕士学位论文全文数据库、万方数字化期刊数据库、教育学全文数据库（升级版）、中国学前教育研究会网站资源等相关的文献资料。通过查阅相关文献发现，20世纪80年代以来，幼儿一日活动中的安全已成为一线教师和研究者感兴趣的热点话题。从研究视角来说，研究者从关注理论逐渐转向注重实践。从研究内容而言，他们大多从一日活动中优化组织策略及其注意事项的角度进行阐述，但大多数研究者没有对此进行全面而深入的探讨。

昆明学院教授林园指出：幼儿园安全事故发生的原因是各种各样的、错综复杂的，其预防对策也应因事而异、因时而异，因人而异。近年来，幼儿意外事故时而发生，在此期间相当大的比例多是由于幼儿缺乏自我保护能力和安全意识所造成的，因此，对幼儿进行安全教育，增强他们自我保护能力势在必行、刻不容缓，这也是社会文明进步的需要，也是保障我国幼儿健康权益的需要。许卓娅教授也指出，幼儿的肌体从抑制状态过渡到清醒的工作状态需要一定的时间，运动量过大容易造成肌肉、关节或韧带的损伤。陈军在分析幼儿一日活动中的安全防范工作时指出，在自选体育活动中幼儿往往喜欢自己创设玩法，这需要教师加强观察，及时制止其不安全的活动方式。

尽管已有相关研究还没有对幼儿一日活动安全隐患进行全面而系统的研究，但它们为本研究提供了以下启示：首先，幼儿一日活动中的活动开展受到多种影响因素的制约，本研究应突破对安全概念的狭隘理解，全面探究幼儿一日活动中存在的安全隐患。其次，幼儿在一日活动中所进行的活动是幼儿每日入园后必须进行的活动，但幼儿每天可能遇到的安全隐患会有所不同，幼儿和教师对此采取的安全应对策略也因此有所不同。所以，本研究通过调查问卷系统分析一日活动中存在的安全隐患，并在此基础上提出科学系统的应对安全管理策略，这将在一定程度上增加选题的创新性和研究结果的应用价值。

三、核心概念界定

1. 安全隐患：是指在生产经营活动中存在可能导致不安全事件及事故发生物品的危险状态，人的不安全行为和管理上的缺陷。

2. 幼儿园日常安全隐患：在本研究中幼儿园日常安全隐患指的是幼儿园日常活动环节，如入园、盥洗、进餐、如厕、饮水、集体教育活动、区域活动、户外自由活动、体育游戏活动、散步、午睡、大型活动和离园等各个环节可能存在不同的安全隐患。

3. 管理策略：是指组织对工作或任务进行管理时采取的策略。

4. 安全管理策略：在本研究中安全管理策略指的是幼儿园一日活动中与

安全隐患相对应的管理策略。

四、研究目标

1. 描述幼儿园日常活动中存在的安全隐患的现状及存在的问题，并分析幼儿园日常活动中每个环节可能存在的安全隐患，提出与日常安全隐患相对应的管理策略。

2. 通过对幼儿进行安全教育，让幼儿掌握基本的自我保护常识和保护能力，促进幼儿体能的发展，培养全面发展的高素质幼儿，并为其将来走上成人、成才、成功之路奠定坚实的人生基础。

3. 提升教师掌握幼儿发生意外事故时的现场紧急处理办法和组织幼儿一日活动的安全防范技能，培养教师创新意识和科研能力。

五、研究内容

1. 幼儿园日常活动中存在的安全隐患调查。本研究将综合运用问卷调查法和访谈法从（幼儿园日常活动安全隐患、园长和教师）等维度开展调研。发放“幼儿园日常活动中存在的安全隐患问卷”，对我市5所幼儿园中的300名教师进行问卷调查。并结合访谈法，对其中10名园长进行访谈，以探求幼儿园日常活动中可能存在安全隐患的环节以及每个环节中可能存在的隐患和幼儿园日常安全教育的现状及存在的问题。

2. 探寻幼儿园日常安全的管理策略。通过对漯河市5所幼儿园中的300名教师的问卷调查，并对其中10名园长进行访谈，根据问卷和访谈的结果，进行从入园、盥洗、如厕、离园等十三个环节的数据分析，对每个环节提出有针对性的管理策略。

3. 实施幼儿园日常安全管理策略的行动研究。本研究将以5所样本幼儿园为研究对象，紧密围绕研究目标展开幼儿园日常安全管理策略的教育实践，在日常活动教育实践过程中不断总结、修正和调整幼儿园日常安全管理策略，通过发现问题、分析问题和及时反思调整等方式展开，最终确立科学有效的幼儿园日常安全管理策略。

4. 幼儿园日常安全管理策略的个案研究。进一步对本研究目标跟踪选取的管理策略实施个案进行深入研究，分析验证设想。利用叙事研究的角度呈现个案，从不同阶段和不同特点的幼儿园的安全教育实践中提炼意义，对样本幼儿园日常安全管理策略的实践进行实证研究和经验提炼，从实践层面对幼儿园日常安全管理策略的效果进行测试、实施和评估，探究幼儿园日常安全管理策略，总结与推广成功的教学案例。

六、研究方法

1. 文献研究法
2. 调查研究法
3. 行动研究法
4. 个案研究法

七、研究过程

1. 2018年8月至10月，开展文献研究。为了了解幼儿园日常安全隐患的现状，我们检索了近年来中国期刊全文数据库、中国优秀博硕士学位论文全文数据库、万方数字化期刊数据库、教育学全文数据库（升级版）、中国学前教育研究会网站资源等相关的文献资料。为我们进行本课题研究提供理论依据。

2. 2018年11月至2019年2月，开展调查研究。为深入了解幼儿园日常安全隐患的实际情况，2018年10月课题组发放调查问卷。我们对相关数据进行了多维度分析。结合研究目标和课题研究内容，从定量的视角，剖析了幼儿园日常安全教育存在的隐患，并对上述影响因素进行相关分析。

3. 2019年3月至12月，开展行动研究。在幼儿安全教育实践过程中形成问题意识，深入分析研究的成就与不足，结合幼儿、教师和家长多维互动，对幼儿园一日活动中存在的安全隐患进行全程全方位的自然观察，对随机筛选的幼儿园园长和教师进行多维访谈。利用上述方法筛查幼儿入园、盥洗、离园和大型活动等环节存在的安全隐患，对自然观察和多层面访谈获取的资料进行定量与定性分析，在此基础上探究切实可行的操作性对策，把通过自然观察、多维访谈和文献检索形成的初步对策适用于幼儿的一日活动安全实践之中，适时针对性地调整相关应对策略。

4. 2019年11月至2020年2月，开展个案研究。幼儿在一日活动中所进行的活动是幼儿每日入园后必须进行的活动，但幼儿每天可能遇到的安全隐患会有所不同，幼儿和教师对此采取的安全防范措施也因此有所不同。所以，本研究在研究方法上采用长期的自然观察法，观察幼儿在日常活动中的表现内容及表达方式，记录幼儿在安全教育活动中的情况和内容，系统分析其中的安全隐患和防范措施，并在此基础上提出科学系统的应对策略。

5. 2020年3月，撰写研究报告，申请结题。根据研究目标、研究内容及开展的研讨活动等多项内容，收集整理汇总资料，撰写研究报告，申请结题。

第二部分　研究结果

一、幼儿园日常活动中存在的安全隐患调查

（一）问卷调查

1. 调查对象：2018年10月26日，我们针对漯河市农村、城镇中5所幼儿园的老师和家长，采用书面调查问卷的形式进行了安全调查活动。

2. 调查的背景：安全即生命，安全工作是幼儿园工作的重中之重，幼儿在园一日活动的安全关系着家庭的幸福和幼儿园工作的质量和效果。《幼儿园教育指导纲要（试行）》规定，“幼儿园必须把保护幼儿的生命和促进幼儿的健康放在工作的首位”，让幼儿“知道必要的安全保健常识，学习保护自己”。

意外伤害虽属突发事件，但有它发生的规律，并非不可预测和不可避免。通过挖掘一日活动中存在的安全隐患，找出相对应的策略，开展丰富多彩的安全教育活动，提高幼儿自我保护能力，促进幼儿健康快乐成长。

3. 问卷调查的实施：本次调查共发放教师调查问卷300份，回收有效问卷300份。本次调查共发放家长调查问卷300份，回收问卷300份，回收有效率100%。

（二）调查目的

通过调查幼儿在园一日活动的安全隐患进行对比，分析、总结。希望能够查找幼儿最易发生危险的时段、地点、环节和家长、教师最关注的环节，最大限度地解决、推进幼儿安全工作的开展与实施。

（三）调查结果统计与分析

1. 一日活动中存在安全隐患较多的环节。调查数据显示，被调查教师普遍认为一日活动中存在安全隐患较多的环节有13项：其中认为存在安全隐患最大的是户外自由活动环节达到91.7%，其次是早上入园环节占87.6%、卫生间盥洗环节占77.6%、如厕环节占77.4%、饮水环节占73.4%、游戏环节占

71.9%、进餐环节占68.5%、体育游戏活动环节占67.8%、餐后散步活动环节占62.4%，午休环节占59.1%，区域活动环节占58.2%，大型活动环节占48.1%，离园环节占37.3%，其他环节占7.9%。结果见下图。

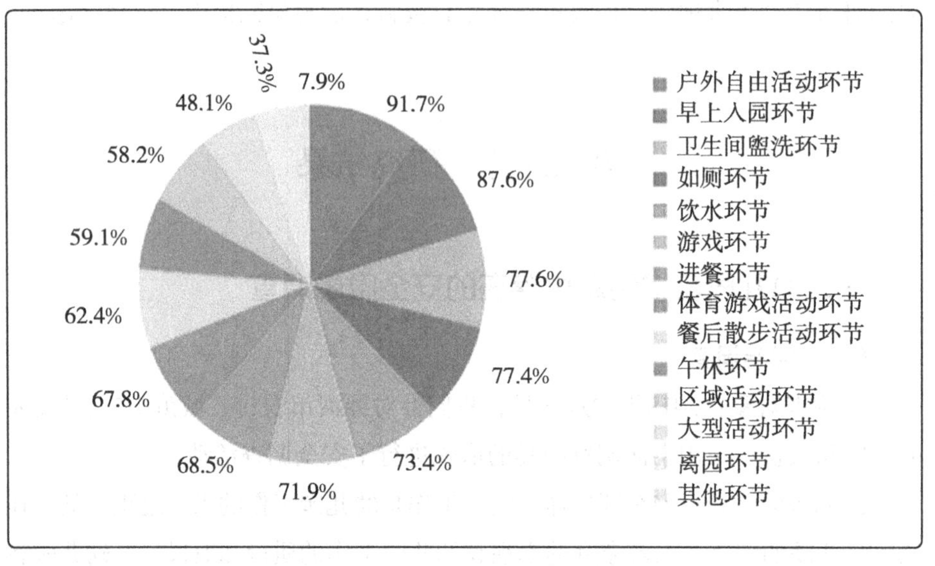

一日活动中存在安全隐患较多的环节

2. 一日活动中意外事故发生次数较多的类型。问卷调查发现幼儿在园意外伤害中最常见的就是绊伤、跌伤占幼儿意外伤害的83.9%，其次是同伴咬伤、抓伤占11.4%，尖锐物品戳伤、玩具致伤、异物入体占幼儿意外伤害的占3.1%，烧伤、烫伤、食物中毒占1.3%，其他伤害占0.3%。结果见下图。

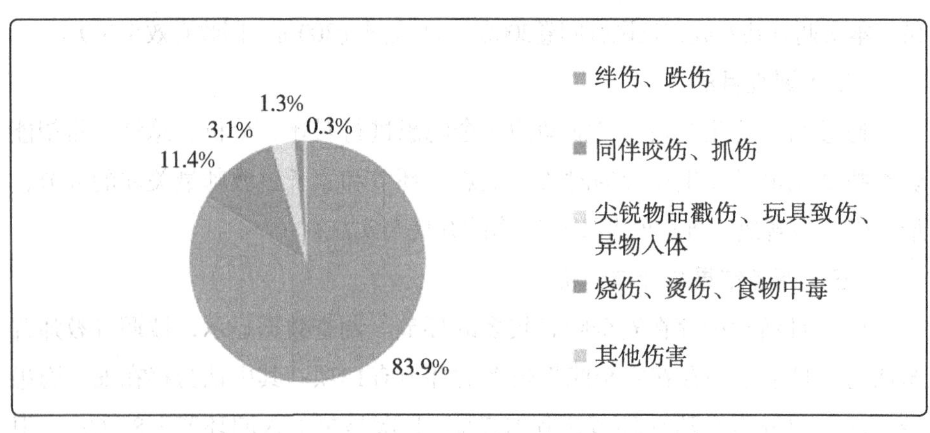

一日活动中意外事故发生次数较多的类型

3. 入园环节中的安全隐患。调查数据显示，55.7%的教师认为幼儿带危险物品来园和29.8%的家长与老师交接幼儿不到位是导致入园环节安全隐患的主要原因，其次是老师交班不清点幼儿人数占9.7%，晨检工作做得不细致占4.8%。结果见下图。

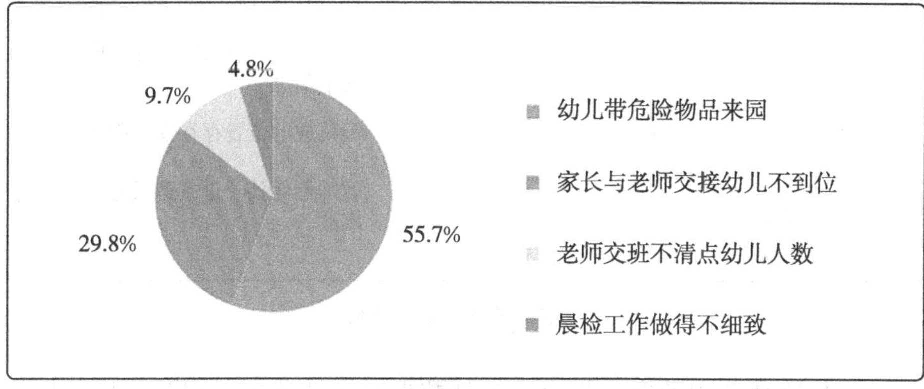

入园环节中的安全隐患

4. 盥洗环节中的安全隐患。问卷调查发现，幼儿洗手时拥挤、推打、争抢占43. 7%和教师不注重培养良好常规造成的意外伤害占41.4%，是发生意外伤害的主要原因。卫生间地面湿滑，幼儿易滑倒占10.9%，幼儿独自在卫生间玩水嬉戏占3.1%，其他伤害占0.9%。结果见下图。

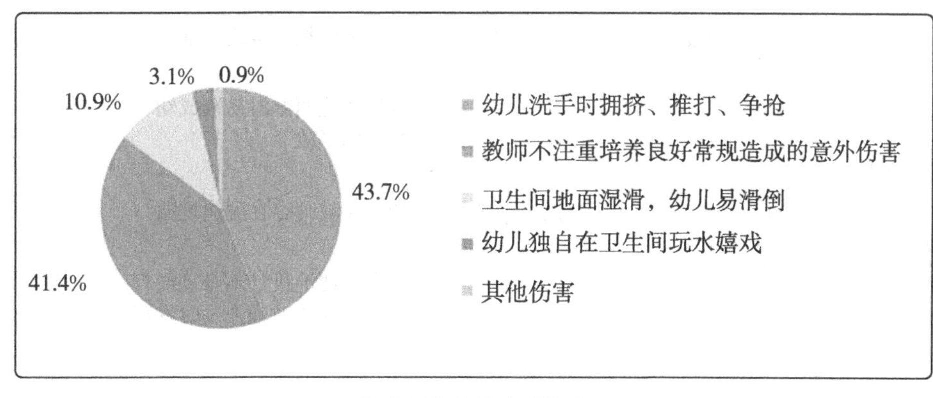

盥洗环节中的安全隐患

5. 进餐环节中的安全隐患。调查数据显示幼儿在进餐时有打闹、说笑的现象占意外事故的91.5%，幼儿在端饭、送餐时的路线存在的安全隐患占

5.1%，饭菜放的位置存在安全隐患占2.1%，教师催促孩子进餐造成意外事故占1.3%。结果见下图。

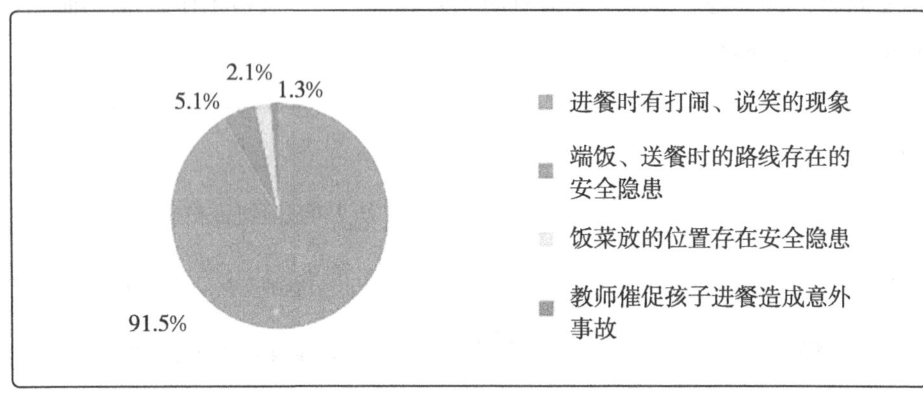

进餐环节中的安全隐患

6. 如厕环节中的安全隐患。统计数据显示幼儿之间相互争抢、推打等发生的安全事故是如厕环节的主要安全隐患占63.2%，卫生间地面湿滑易造成幼儿滑倒事故占29.7%，幼儿如厕时教师存在脱岗现象占5.3%，卫生间便池设计不合理或存在损坏现象教师未及时发现造成的安全事故占1.8%。结果见下图。

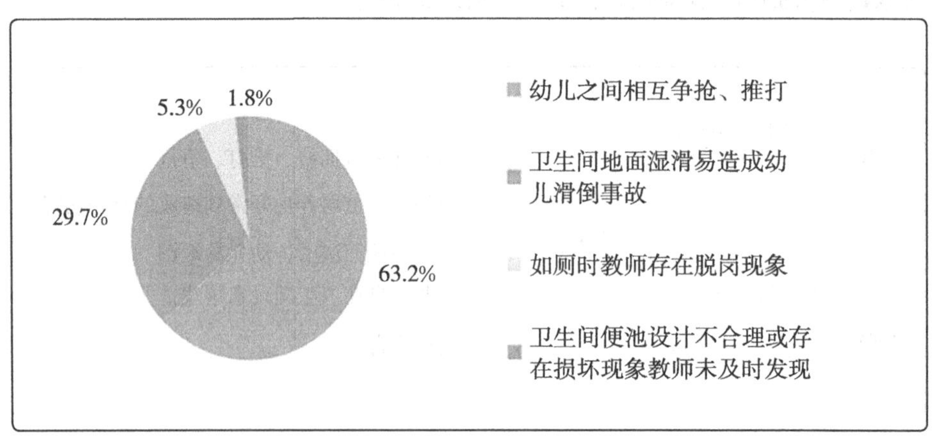

如厕环节中的安全隐患

7. 饮水环节中的安全隐患。数据显示因教师缺岗，未看管幼儿有序排队占饮水环节意外伤害的46.6%，幼儿饮水时不遵守饮水规则占意外伤害的44.8%，饮水桶摆放位置存在安全隐患5.1%，饮水温度过热，不适合幼儿饮用，占意外伤害的2.4%，其他意外伤害1.1%。调查表明幼儿的身体协调能力差，能力有限，缺乏对周围环境的应对能力。结果见下图。

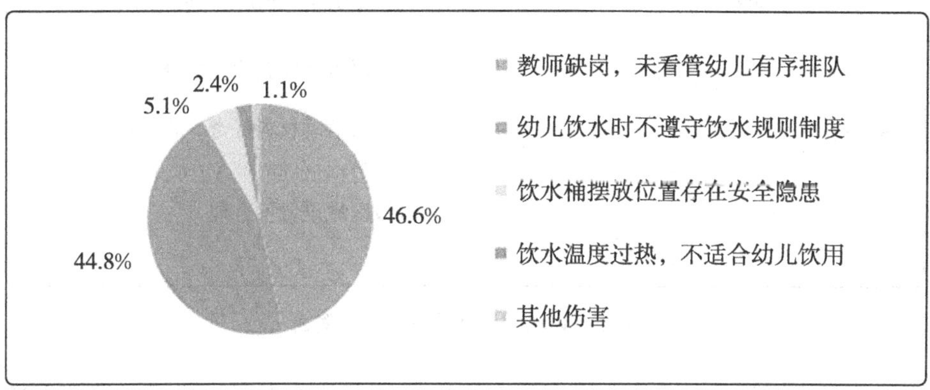

饮水环节中的安全隐患

8. 集体游戏活动环节的安全隐患。对问卷数据分析发现幼儿同伴间追逐打闹出现的安全隐患占59.2%，幼儿在游戏时不遵守规则易发生危险占26.7%，幼儿对游戏材料的操作错误造成的意外伤害占8.5%，教师看管不严易发生安全事故占5.6%。结果见下图。

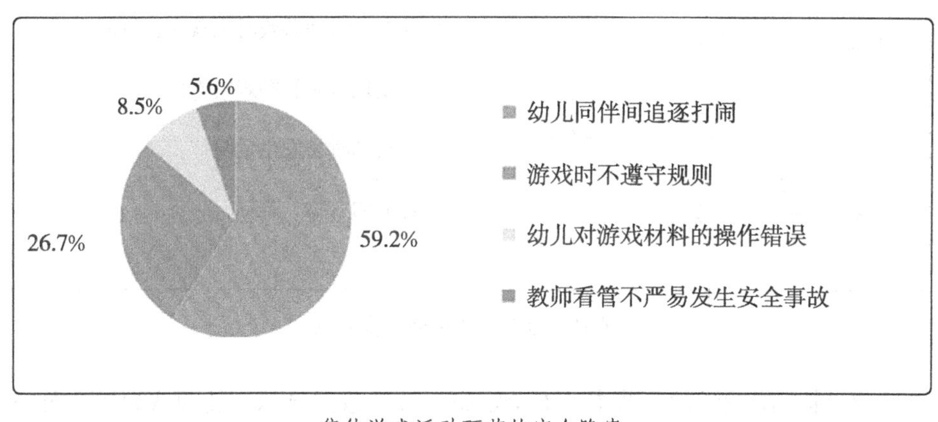

集体游戏活动环节的安全隐患

9. 幼儿园区域活动环节中的安全隐患。调查数据显示幼儿不会安全使用工具占意外事故的33.8%，其次是幼儿遇事不懂谦让，争抢玩具引发安全事故占28.2%，再者幼儿对活动材料好奇，容易误吞误食发生意外事故占26.4%，班级区域设置不合理，发生意外事故占11.6%。结果见下图。

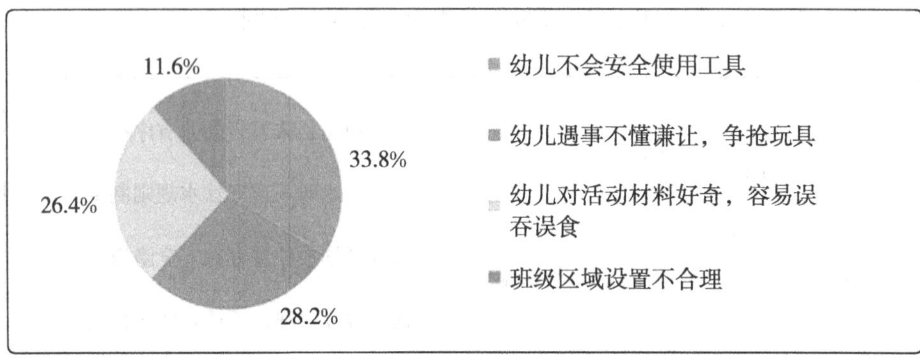

幼儿园区域活动环节中的安全隐患

10. 户外自由活动环节中的安全隐患。统计数据表明，幼儿户外自由活动游戏时无秩序，打闹发生危险和玩大型玩具时教师观察不到是造成幼儿意外伤害的主要原因，分别占54.6%和21.9%。其次上下楼梯时易发生危险占14.9%，不合适的衣物、鞋袜给孩子造成危险占8.6%。结果见下图。

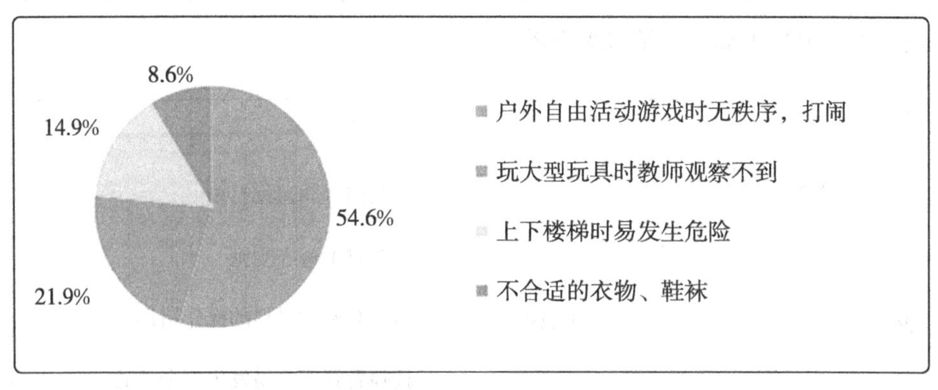

户外自由活动环节中的安全隐患

11. 体育游戏活动环节中的安全隐患。统计数据显示，教师认为体育游戏活动中的安全隐患最多的是幼儿过于兴奋，存在隐患占57.3%，其次是游戏时不遵守规则，造成意外事故占32.9%，不合适的衣物、鞋袜给孩子造成危险占7.4%，体育活动中幼儿活动剧烈，风险大占2.4%。结果见下图。

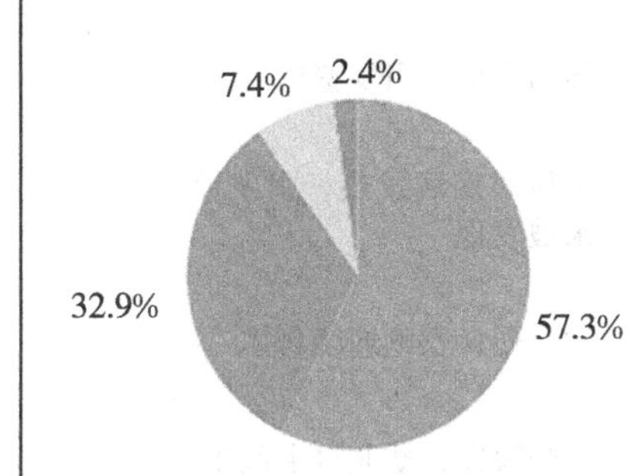

体育游戏活动环节中的安全隐患

12. 散步环节中的安全隐患。调查数据表明，在散步时幼儿无秩序，追逐打闹是发生危险的主要原因，占52.5%，其次是室外散步孩子过度兴奋占26.5%也是一大诱因，再者教师看管不到位，餐后散步存隐患占11.2%，幼儿好奇室外动植物，脱离视线易发生意外事故占9.8%。结果见下图。

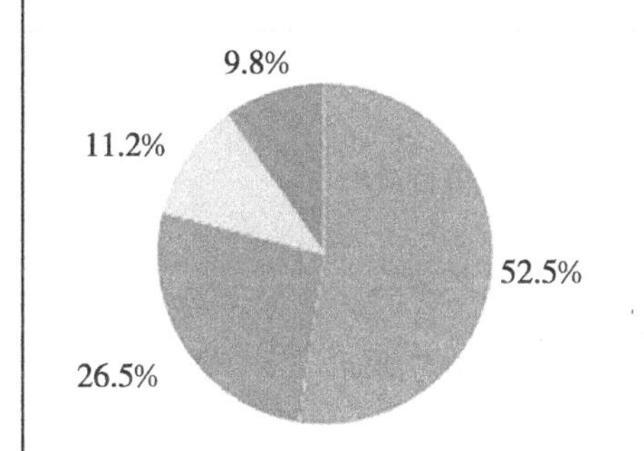

散步环节中的安全隐患

13. 午睡环节中的安全隐患。统计数据表明幼儿午休时异物入口，引发窒息为65.3%，是造成午休意外事故的主要原因，其次是午休时疾病发热，引发惊厥未被发现，占24.5%，再者幼儿被橡皮圈，衣物缠绕身体，引发危险和教师脱岗，幼儿自由玩耍发生意外事故分别占5.2%和5%。结果见下图。

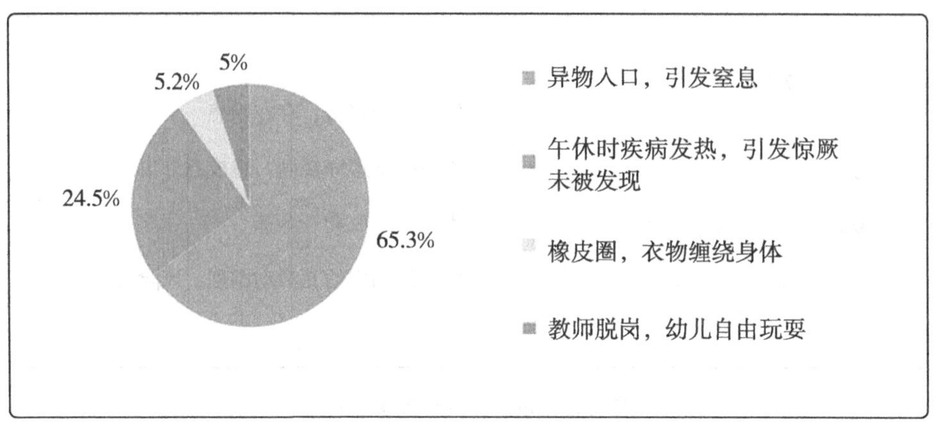

午睡环节中的安全隐患

14. 大型活动环节中的安全隐患。调查数据显示大型活动中，节目演出易发生意外事故占53.2%，其次是运动会上易发生意外占31.2%，再者演习活动易发生意外占10%，春、秋游活动易发生意外事故占5.6%。结果见下图。

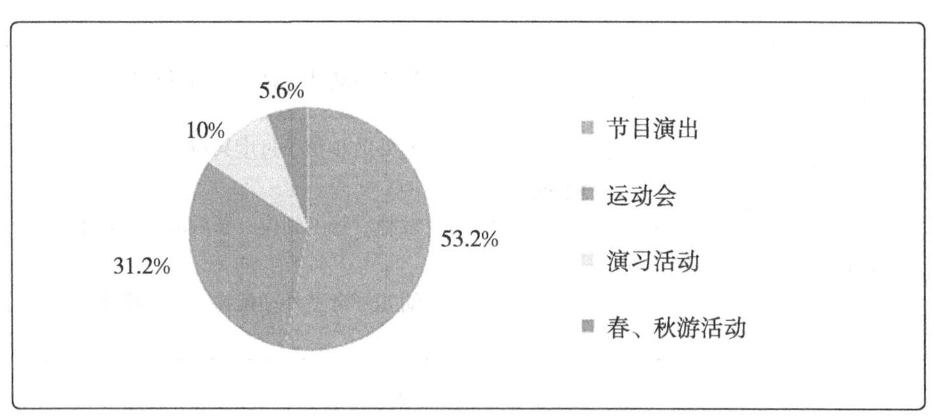

大型活动环节中的安全隐患

15. 离园环节中的安全隐患。统计数据显示，离园环节教师接送疏漏，监管缺失占42.3%，其次是离园前幼儿心情激动，行动慌乱占32.5%，再者家长放任孩子嬉戏玩耍，疏于照看占意外伤害的14.5%，家长接到孩子后走失占10.7%。结果见下图。

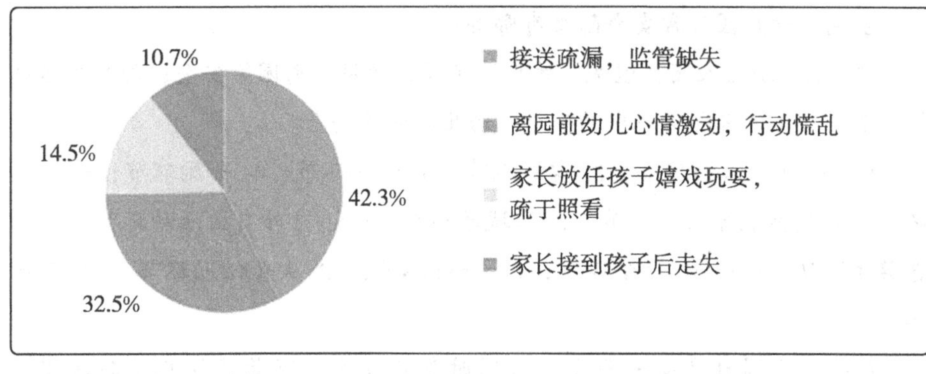

离园环节中的安全隐患

二、访谈过程及分析

针对幼儿园一日活动中存在安全隐患的相关问题，对北京、郑州、周口、洛阳、信阳、漯河等10所幼儿园的园长进行访谈，了解幼儿园中常见安全事故的种类和发生频率，教师和家长对安全教育知识、技能的重视程度，以及一日活动中存在的安全隐患及应对的策略，访谈结果如下：

1. 问：您在幼儿园日常管理中，针对安全教育的地位和作用谈谈您的看法？

答：A：幼儿园的根本是安全，“教育千万条，安全第一条”，幼儿园要不断完善幼儿园、教师、家庭、社区“四位一体”的安全教育机制，提高安全事故的可预见性，教导幼儿安全常识与自救方法，阻止一切危险来源，保护幼儿的安全。

B：幼儿园安全教育具有重要作用，是开展教育教学工作的保障和基础，是幼儿园持续发展的主要推力，因此幼儿园必须要保护幼儿安全工作时刻放在工作首位。

C：我认为，应该提倡“安全、健康、快乐”地成长。安全放在首要位置，守护幼儿安全就是守护幼儿生命不受各方侵害，才能确保后面的“健康”和“快乐”。

通过访谈可以得知，幼儿园园长认为，幼儿园安全无小事，安全工作是开展幼儿教育教学工作的保障和前提，幼儿的健康成长离不开安全教育。园长是建立完善安全监督和管理制度的组织者，是加强师幼安全知识教育的引导者；是进行专业理念学习的引领者。

2. 问：幼儿园日常安全隐患有哪些？

答：A：幼儿入园、盥洗、饮水、午睡、散步、离园等安全；幼儿生活环节安全；幼儿学习和游戏中的安全；幼儿园环境安全。

B：1. 幼儿入园环节；2. 盥洗环节；3. 进餐环节；4. 如厕环节；5. 饮水环节；6. 集体教学活动环节；7. 区域活动环节；8. 户外自由活动环节；9. 体育游戏活动环节；10. 散步环节；11. 午睡环节；12. 大型活动环节；13. 离园环节。

C：幼儿园日常安全隐患：入园时忽略晨检；家长让幼儿单独入园；接孩子时不向老师打招呼就离开；幼儿在活动室追逐；如厕、洗手时看管松懈；进餐时食物过烫撒孩子身上；午睡时看护松懈；户外活动时常规混乱等。

通过访谈可以得知，园长们认为在幼儿园的一日生活中包含入园、盥洗、如厕、饮水、进餐、集体教学活动、区域活动、户外活动、体育游戏、散步、午睡环节、大型活动、离园环节等13个环节。普遍认为在开展幼儿园幼儿教学工作中，保护幼儿的生命和促进幼儿的健康，应该放在工作的首位。在日常工作中，教师应该时刻关注幼儿，排除隐患。

3. 问：您在幼儿园日常管理中针对存在的安全隐患，应对的策略有哪些？

答：A：定期排查园所安全隐患；定期检修设备设施；建立安全台账；不断完善安全制度，落实安全措施；建立各项安全应急预案；开展安全知识宣讲；定期对教职工进行安全专题培训；加强入园、离园的接送安全管理。

B：1. 严格执行幼儿园安全管理制度，明确自己的职责，规范自己的行为，确保幼儿的安全。2. 建立班级时段常规，注重幼儿良好行为习惯的培养。3. 严格执行幼儿园的接送制度，严防错接，避免造成幼儿安全伤害事故。4. 关注个别有特殊情况的幼儿，及时向家长反馈幼儿具体情况。

C：1. 认真执行各项管理制度，并落到实处。2. 完善安全隐患排查制度。3. 安全教育常态化，形成一种生活化教育模式。4. 提高幼儿园安全教育的有效性。

通过访谈可以得知，园长们认为在幼儿园一日活动中存在的安全隐患与教师的专业素养、组织的教学活动、幼儿的自我保护技能和家长的配合事项有关系，教师要根据幼儿园的实际情况制定管理措施，建构安全教育目标，采取恰当的教育方法，对幼儿进行安全教育，促进幼儿愉快健康成长。要实现这一目标，幼儿园要建立较为完善的安全管理制度，有较科学的教师安全岗位职责和操作流程，有完善的细化和量化的安全评价标准。最关键的是要找出一日活动中存在的安全隐患与之相匹配的管理策略。

三、幼儿园日常安全管理策略的行动研究

（一）研究设计

本研究采取行动研究法，从幼儿园的大、中、小班作为实验班，根据幼儿日常活动中的出现的安全隐患出发，如：幼儿一日活动中的入园、盥洗、饮水、体育游戏、户外活动等环节出现的安全隐患，找出相对应的管理策略。再针对一日活动中的安全隐患进行活动目标、活动内容的设计，在研究中进行反思和循环推进。

本研究包括提出问题、问题的归因、措施与行动、评估与反思四个循环往复的阶段。

根据研究的目的、目标及研究需要，本研究的研究步骤大致如下：

1. 发现研究问题。在本研究中，研究者作为活动的组织者、实施者，在幼儿的一日活动中，发现幼儿出现磕伤、碰伤、烧伤、摔伤等较多的问题。因此，研究者分别大量查阅资料，利用安全游戏、安全儿歌、安全教案等内容，开展形式多样的教学活动，确定应对安全隐患的策略，减免幼儿的伤害。

2. 了解成因、制订计划。从幼儿一日活动中出现的安全隐患入手，找出与之匹配的对策，实施的步骤为：

第一阶段：建构幼儿一日活动的幼儿安全教育目标。

第二阶段：建构幼儿一日活动的幼儿安全教育课程。

第三阶段：开展幼儿的一日活动进行推进。

第四阶段：付诸实践并探寻行动策略。

行动研究需要研究者在具体的一日活动中实践，在实践探究的过程中不断反思，探究更完善的研究对策。在本研究中，研究者提出研究具体的研究问题后，不断的在进行实践和探索。整个研究过程分为4个螺旋上升的阶段，每完成一个阶段，研究者都会对幼儿一日活动中的反应进行反思、分析。

3. 评估与反思。本研究主要采用总结性评价对活动过程进行评价。在幼儿的一日活动中，研究者根据幼儿日常活动中的安全行为表现，观察并记录下相关内容，总结统计幼儿各个活动环节出现的安全隐患的具体情况。每次活动后，针对相关的问题进行归纳和讨论，再对行动的整个过程进行反思，对下一个环节进行改进。计划、行动、反思、总结、再计划、再行动、再反思，再总结，如此循环。在整个活动中，根据评价表进行总结性评价。

（二）研究工具

幼儿一日活动安全教育观察记录表

研究者根据幼儿一日活动中的行为表现进行综合填写。（见附录）

（三）行动过程

研究者按照制定的《幼儿园安全教育园本课程》进行教学，观察分析一日活动中幼儿出现的安全隐患，指导幼儿在一日活动中提升安全意识，增强安全自我保护能力。研究者针对研究问题是如何进行实践的。

1. 第一阶段研究。第一阶段行动研究是 2019 年 9 月 5 日—10 月 11 日，每天的 10：20—11：10 进行，每次时间为 50 分钟。

这一阶段的行动研究是这样开展的，首先，研究者根据一日活动中的户外活动环节作为研究内容。第一阶段为期一个月，这一阶段研究者主要通过观察幼儿在活动中的情景以及行为表现来达到研究的目的。

如：户外活动环节“滑滑梯”

滑梯是孩子们最乐意去的地方，男孩子在滑梯上，爬上去，滑下来，乐此不疲，快乐得就像小猴子一样。忽然，冬冬小朋友气喘吁吁地跑过来，拉住路老师的手急切地说毛毛在滑梯下面哭呢。路老师听罢，赶忙向滑滑梯区跑去，她很快发现了躺在滑梯下面哭泣的毛毛。

路老师急忙呼唤保健医生，为避免孩子受到二次伤害，在不知道孩子伤情轻重的情况下，保健医生安排毛毛平躺在地，并简单询问情况。了解大致情况后，保健医生迅速拨打急救电话，毛毛被及时送往医院。经诊断，毛毛在滑梯下落过程中，因没有控制住滑梯惯性，下滑冲力过猛，导致头部直接触地扭伤脖子，需要住院治疗。

综上所述：幼儿进入玩具场，身心是完全放松的，非常的欢悦。滑滑梯是幼儿非常喜欢的活动，在滑梯上滑来滑去，像坐飞机一样，孩子们的笑声、叫喊声响彻整个校园。幼儿年龄小，活泼好动、顽皮，缺乏自我保护的意识和技能，不能预测自己行动的后果，稍微不注意，很可能带来严重的安全事故。幼儿园玩具场是幼儿安全事故的高发阶段。另外，研究者在研究中也发现了很多的问题，比如，在滑滑梯的过程中，排队时没有遵守规则有推打、拥挤；滑滑梯的速度太快；在滑滑梯的过程中，幼儿兴奋过度滑的方法不正确等诸多安全隐患。针对这一问题，研究者在制订第二阶段的行动计划时，将根据发现问题的内容设计教育活动，制定对应的管理策略，提升幼儿的防护能力，减少安全事故的发生。为了方便观察记录，研究者以表格的形式将第一阶段的行动计划展示出来，表格内容如下：

户外自由活动安全第一阶段行动计划

步骤	内容
计划	幼儿在教师的组织陪伴下，进行自由户外游戏活动，教师以观察幼儿活动为主，适当引导幼儿遵守游戏规则，解决游戏中出现的问题； 行动计划是 2018 年 9 月 5 日—10 月 11 日，每天 10：20 —11：00 进行，每次时间为 50 分钟； 幼儿自由户外游戏后，研究者及教师就观察幼儿的游戏情况展开说明和总结，找到幼儿游戏中存在的安全问题，为第二阶段行动计划提供参考依据
行动	一个班的36名幼儿根据户外游戏内容开展2次滑滑梯游戏活动； 每次户外自由游戏中保持2—3名教师进行游戏指导； 教师在指导幼儿游戏中，仔细观察幼儿的游戏状况并记录在册
观察	幼儿对户外自由游戏活动很感兴趣，情绪亢奋，活泼好动，行为控制能力较弱。 幼儿游戏时安全意识不强，缺乏对安全隐患的预测能力，对游戏规则的户外自由活动自由度较大，教师视野有限，多发、突发等不可预见安全隐患的概率也陡然上升
反思	研究者在制订后面阶段的行动计划时，反思如何根据户外自由活动主题开展安全教育活动，培养幼儿的安全意识，遵守活动规则，逐步提升其安全自我保护能力； 幼儿在户外自由活动时，教师可以采用哪些应对策略和有效措施确保幼儿户外自由活动活动的开展

2. 第二阶段研究。第二阶段行动研究从 2019 年 11 月 14 日—12 月 6 日，时间是每天 10：20 —11：10，每次时间是 50 分钟。通过第一阶段的实践研究，研究者根据第一阶段户外环节中出现的安全隐患，列举出相对应的管理策略，从幼儿园、教师和家长三个维度进行了实施。在第二个环节，研究者根据第一个阶段中出现的安全隐患，采取不同的形式，以户外活动环节安全游戏、

安全教案、儿歌等进行教学活动。研究者以表格的形式将第二阶段的行动计划展示出来，表格内容如下。

户外自由活动安全第二阶段行动计划

步骤	内容
计划	研究者针对第一阶段幼儿户外自由活动情绪亢奋、安全意识薄弱的情况制定结构完善、重点突出、实用操作性强的幼儿园、教师、家长应对策略； 为了提升幼儿自我保护能力，研究者计划开展家庭安全系列延伸活动。如组织家长开展安全助教活动、亲子共同完成安全教育绘画、手工、讲故事活动； 为了更好地提升教师和幼儿的安全防护意识，研究者计划组织教师、幼儿分别开展安全讨论活动，让教师相互分享遇到或发现的安全隐患，讨论出应策略，掌握简单的急救措施。请幼儿说说自己游戏时发现或发生的安全隐患并讨论自己应该怎样做
行动	在安全教育活动中，教师采用课件、视频、游戏中的具体事例等方式提幼儿的安全意识，引导幼儿遵守游戏规则，逐步养成良好的游戏活动习惯； 实际工作中，组织教师、家长开展安全培训，使其掌握必要的处理突发事故的知识和方法； 定期不定期开展幼儿安全演练活动，针对户外自由活动安全，开展“我安全小卫士”安全标志设计活动
观察	在安全教育活动中，教师采用课件、视频和游戏中即发的安全事例提升幼儿的安全意识，研究者发现幼儿能积极投入到安全教育中，参与的兴趣很高，对其安全意识和自我保护方法有很大提升； 教师、家长在开展安全培训后，提升了安全意识，提高了安全防范能力掌握必要的处理突发事故的知识和方法； 通过安全演、设计安全标志，幼儿对安全、生命有了重新认识，开始重新反思不当行为，遵守游戏规则，提升自控能力和保护能力
反思	幼儿在教师的引导下，安全教育促进了幼儿对生命的认识和安全意识的提升，提高了幼儿自我保护能力。研究者开始反思，除了对幼儿进行安全集体教育活动、携手家长开展亲子安全教育，开展“安全小卫士”讨论活动，还有什么方式能更好地对幼儿进行生命安全教育； 从幼儿角度出发，安全无小事，研究者在后期，需要思考如何发挥社会的作用，形成学校、家庭、社会合力对幼儿进行生命安全教育

（四）活动的反思与评价

通过对第一次研究计划的修改调整，本次活动取得了更好的效果。在活动内容方面增加了幼儿喜欢的游戏活动，让幼儿在游戏中，习得安全知识，增强了幼儿的自我保护技能。在环节方面，增加了新的内容，使活动内容更丰富；在形式方面，采取个别、小组、集体不同的形式，充分地调动幼儿的积极性、主动性和参与性，激发幼儿的兴趣，在游戏中让幼儿体验、感知安全活动中存在的安全隐患，要遵守规则，提升自我防范技能。

本次活动的开展不仅增强了幼儿的安全意识，更是让幼儿掌握了自我防范技能，达到了预期的目的。

（五）幼儿园日常安全隐患的管理策略

依据行动研究推导出的管理策略，这13个环节的管理策略分别为：

1. 入园环节教师应对的策略。①要认真看护幼儿入园，幼儿入园时应做好晨检接待工作，保管好幼儿物品。②一旦发现幼儿走失，应立即向幼儿园领导汇报，并第一时间告知家长，同时请警方协助寻找。③班级老师合理分工，明确责任、站位与工作要点，共同组织管理看护幼儿。④幼儿园平时应当对幼儿开展防走失、防拐骗的安全教育与演练，增强幼儿的自我保护意识，提高其自我保护能力。

2. 盥洗环节教师应对的策略。①加强班级常规的养成教育，保证幼儿的安全。教师要制定科学、细致的一日活动常规，明确一日活动中的具体要求，并让幼儿熟知。②开展安全主题教育活动。针对幼儿的年龄特点、学习特点、身心发展规律等，开展预防安全事故的教育活动。③发挥环境育人的功能。在盥洗室张贴有序排队洗手的图示，让幼儿知道怎样做是正确的，逐步养成良好的行为习惯。④教会幼儿使用水管的正确方法。⑤给幼儿讲明洗手的意义。

3. 进餐环节教师应对策略。①知道进餐环节存在很多安全隐患，要耐心细致地培养幼儿良好的进餐习惯和安全意识。②教师明确进餐环节的常规要求：卫生进餐、健康进餐、安全进餐、礼貌进餐。③餐前组织：稳定幼儿的情绪，让幼儿安静下来。可以播放轻音乐或旋律舒缓的音乐，营造幼儿想吃、乐吃、爱吃的心理氛围。同时，为幼儿进餐前创造温馨、宽松的环境。④餐中组织：组织幼儿安静进餐，培养幼儿良好的用餐习惯。⑤餐后组织：引导幼儿养成饭后漱口的良好习惯。

4. 如厕环节教师应对策略。①要了解班级幼儿的实际情况和个体差异，根据幼儿的年龄特点、实际水平，培养幼儿良好的如厕习惯。②保持盥洗间的环境卫生的整洁，定时消毒，及时清扫，保持干燥，以免发生安全事故。③教育幼儿文明如厕，不打闹、不争不抢，有序排队如厕。④教育幼儿要互爱互助，有序如厕、安全如厕、文明如厕。

5. 饮水环节教师应对策略。①班里的教师在饮水环节要明确分工，明确站位和职责，让幼儿在教师的视野内活动，保证幼儿安全。②针对饮水环节存在的安全事故，教师组织教育活动，避免安全事故的发生。③教育幼儿养成文明饮用白开水的好习惯，注意安全。

6. 集体教育活动教师应对策略。①根据本班的实际情况，制定集体教育活动常规要求。②班级教师要密切合作，培养幼儿的常规习惯，增强幼儿的自我保护能力、安全应变技能。③教给幼儿正确使用学习工具的方法，并提醒其安全注意事项，避免安全事故的发生。④要提高组织教育教学的能力，学会处理突发事件。⑤教育幼儿养成良好的学习习惯，逐步形成良好的学习品质。

7. 区域活动环节教师应对策略。①教师作为区域活动的实践者、开发者和研究者，要提升自身的行动研究能力。②在区域活动中，要依据教育目标、幼儿的年龄特点和发展水平投放材料，注意所投放材料的安全性、层次性、可操作性、探索性和多功能性。③投放区域活动材料时，要遵循适宜性和发展性原则。④投放的材料必须是安全的。

8. 户外自由活动教师应对策略。①加强幼儿的常规养成教育，教育幼儿进行户外自由活动时要有序排队，讲文明。②教给幼儿玩大型玩具的正确方法及注意事项。③在户外自由活动中，要关注每个细节，重视对幼儿安全上的保护，避免发生安全事故。④组织丰富多彩的安全主题活动，促使幼儿掌握各方面的安全知识，提高自我保护能力。

9. 体育游戏活动教师应对策略。①在体育游戏活动中，要培养幼儿的安全意识和自我保护能力。②在日常生活的各个环节中对幼儿进行安全教育，组织幼儿进行安全实践和安全演练，掌握安全防范和自护自救的知识。③教师作为体育游戏活动的组织者、引导者，要注意培养体育游戏活动中幼儿的自我保护意识和自我防范能力，把安全放在首位。

10. 散步环节教师应对策略。①了解散步环节的教育目标、教育方法及应采取的措施，保证幼儿的身心健康。②妥善放置洗涤、消毒用品等，防止因保管不当造成幼儿误食误用，对幼儿造成伤害。③针对散步环节出现的安全事故，开展安全主题教育活动，培养幼儿的安全意识和自我保护意识，确保幼儿健康成长。

11. 午休环节教师应对策略。①对幼儿午睡活动中需要特别关注的问题进行剖析与思考，不断反思，总结经验，增强对安全隐患的防范意识，有效地应对和处置幼儿突发安全事故。②根据幼儿的实际情况，制定幼儿午睡环节常规，养成安静午睡的良好习惯。③在幼儿午睡前检查幼儿身上是否携带危险物品，排除安全隐患，以免引发安全事故。④加强幼儿的文明礼仪教育，教育幼儿养成谦让、友好、有序的习惯，避免安全事故的发生。

12. 大型活动环节教师应对策略。①活动前召开家长会，告知家长对幼儿进行安全教育的内容，增强幼儿的自我保护意识，提高其自我保护能力。②教师要提升大型活动的组织及应对能力，保证幼儿的安全。③在活动前，教师应制定细致的班级活动预案，并周密部署，合理安排，保证活动的效果。④教师组织幼儿出行乘车前，要告知幼儿正确的乘车方法及须遵守的纪律，注意活动安全。

13. 离园活动环节教师应对策略。①严格执行《幼儿园离园环节安全管理制度》，明确自己的职责，规范自己的行为，确保幼儿在离园时段的安全。②建立班级离园时段常规，杜绝幼儿打架、摔伤等安全事故的发生。③离园时，教师要分工明确，监管好幼儿，以免幼儿处于游离状态，出现安全事故。④离园时段，教师要严密组织，明确常规，尽量避免安全事故的发生。⑤平时应当对幼儿开展防走失、防拐骗的安全教育与演练，提高幼儿的自我保护能力。

（六）行动研究的总结与成效

本研究历时三个多月进行安全教育实践研究，找出一日活动中安全隐患与管理策略核心研究问题，为了解决这一问题，研究者展开了13个环节两个阶段的行动研究。第一阶段，幼儿在教师的组织陪伴下，进行自由户外游戏活动，教师以观察幼儿活动为主，适当引导幼儿遵守游戏规则，解决游戏中出现的问题。幼儿自由户外游戏后，研究者及教师就观察幼儿的游戏情况展开说明和总结，找到幼儿游戏中存在的安全问题，为第二阶段行动计划提供参考依据。第二阶段，研究者以游戏化课程儿歌、故事、游戏等对幼儿进行教学活动，增强幼儿的保护意识，提升自我保护技能。结果如下：

1. 归集幼儿园日常活动中存在的安全隐患，并总结出匹配的管理策略。

2. 通过对幼儿进行安全教育，让幼儿掌握基本的自我保护常识和保护能力，促进幼儿体能的发展，促进幼儿的全面发展。

3. 提升了教师掌握幼儿发生意外事故时的现场紧急处理办法和组织幼儿一日活动的安全防控技能。

注明：本研究以户外活动为例，在实施的过程中其他12个环节的研究同步，取得的结果一致。充分证明了幼儿园日常活动中存在的安全隐患与管理策略的适宜匹配。

四、幼儿园日常安全管理策略的个案研究

研究者在组织幼儿午睡活动时，发现如果教师责任心不强，稍有不注意，稍不细心，会酿成大错，引发意想不到的突发安全隐患。需要教师应丰富午睡活动的相关知识，提高对幼儿午睡活动的科学认识和重视程度，正常有序开展幼儿午睡活动，促进幼儿的身心健康成长。

案例：午睡环节

1. 调查对象与调查过程

背景：小班　午睡

人物：莹莹　4岁

研究者：张老师

时间：2019年11月8日

午饭后，散完步，孩子们就轻轻地上床午睡了，张老师悄悄地给入睡慢的孩子盖被子。突然听见文文喊："老师，你看，莹莹的手里有珠珠。"张老师大吃一惊，赶忙赶过去，掀开被子一看，莹莹的床上散落着颜色鲜艳的八九颗小珠子，手里还握着五颗，张老师急忙把她从床上抱下来，让她坐在老师的怀里。

张老师问："莹莹，嘴里有没有珠子？"让莹莹张开嘴巴，张老师看莹莹嘴里没有珠子。

张老师又问："莹莹，吃下去的有吗？"莹莹摇摇头，老师看看她的耳朵里也没有。

张老师说："把手里的珠子给老师，口袋里还有吗？"莹莹摇摇头，不说话。

张老师摸摸她的口袋，里面还有两颗。

张老师问："莹莹，告诉老师，珠珠你在哪里拿的？"

莹莹害怕地低着头，不吭声。这时，由于旁边的几个孩子听见老师的问话，抬头看，没有入睡。张老师安抚其他的孩子入睡。让莹莹坐在老师的旁边观察她的情况。张老师为了确保莹莹的安全，给保健医打电话，让她来休

息室，看看莹莹有没有异常。

经保健医确认莹莹没有把珠珠吃到肚子里，这时，张老师的心稍微松了一口气。张老师抱住莹莹让她睡觉，看着莹莹的小脸，拍拍她很快就入睡了。这时，张老师去活动室拿来孩子今天上午进活动区的名单，今天莹莹是在生活区游戏，做抓、捏的活动（教师准备了大小不一，颜色鲜艳的珠珠），可能她做完之后，由于喜欢珠珠，忘记老师的要求了，把珠珠装到口袋里，睡觉的时候玩。所幸的是没有出现安全隐患。

2. 不按时午睡莹莹的行为特征

（1）精力旺盛

张老师通过观察发现莹莹幼儿经常午睡入睡较晚，在床上不停地翻滚，有时还趁老师没有看见随意地抬起头，有时还发出微小的声音，时不时地还抬头寻找老师。

（2）不遵守午睡常规

午睡环节的常规，张老师已经告知班级的幼儿，并且利用游戏活动给幼儿讲明午睡的好处，应该注意事项。当莹莹没有及时午睡时，张老师就悄悄地安抚她赶快入睡。

（3）午睡的习惯较差

莹莹的午睡习惯较差，与家庭教育有关系。有的家长重视幼儿的良好习惯培养，有的家长不太重视，造成幼儿出现午睡环节的诸多问题。

3. 案例分析

午睡环节这个环节教师一般认为很轻松的环节，孩子入睡了，教师可以看看书，做做教具。可不知，这个环节如果不重视，细节考虑不周，会发生好多安全隐患。近年来，我国因午睡问题危及幼儿生命和健康的伤害事故屡屡发生，让我们触目惊心。如：食物堵塞死亡，纽扣入耳、掉下床死亡等不同的伤亡事故频频发生。

4. 午睡环节的对策

幼儿午睡活动作为幼儿园一日生活中重要的一环，是培养幼儿知、情、意、行的重要契机，教师能否合理有效地组织幼儿的午睡活动关系到幼儿的健康成长和幼儿园教学游戏活动的正常开展，也是提高幼儿园保教质量的关键因素。《幼儿园教育指导纲要》明确指出："幼儿园必须把保护幼儿的生命和促进幼儿的健康放在工作的首位。"可见，安全是我们幼儿教师一日工作的重中之重，幼儿的午睡环节需要高度重视。

（1）午睡工作流程图

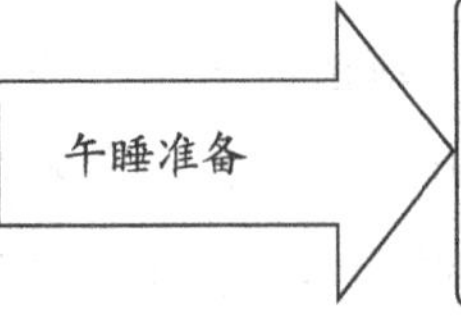

1. 制造良好的午睡环境，播放舒缓的音乐；
2. 在幼儿午睡前检查幼儿身上是否携带小刀、剪刀、纽扣等危险物品，排除安全隐患，以免引发安全事故

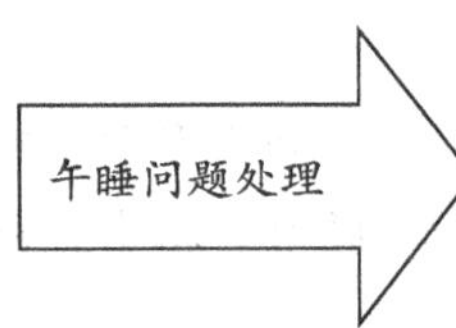

1. 一听：是指听听幼儿的呼吸是否正常；
2. 二看：是指看看幼儿神态，严密注视幼儿的举动有无异常，一旦发现问题，及时处理；
3. 三摸：是指摸摸幼儿额头的温度，看有无发热等异常情况；
4. 四做：是为个别踢被子的幼儿盖好被子，防止幼儿感冒

午睡问题处理

1. 晚睡：对晚睡早起、中午不想睡觉、精力充沛的幼儿，可把午睡时间推迟几分钟；
2. 危险动作：教育幼儿不站在床上打闹、穿衣、叠被等，并告诉他们这样做存在的安全隐患，避免事故发生；
3. 危险口：针对个别幼儿携带的纽扣、钱币等，暂交老师

（2）午睡环节幼儿活动观察记录

为了纠正莹莹的午睡习惯，张老师和班级的两位教师，根据莹莹的具体表现，设计午睡环节幼儿活动观察记录表，及时地捕捉和记录莹莹的午睡表现。

莹莹午睡记录表

姓名	莹莹	年龄	4岁	性别	女	班级	小班
活动日期及地点	2019年11月8日休息室						
活动背景	午睡环节						
幼儿行为表现	午睡时，教师发现莹莹没有及时午睡，走过去一看，她手上有小珠子，掀开被子看见床上散落着颜色鲜艳的小珠子						
教师反馈	教师发现这一情况，告诉莹莹玩危险品的危害性，要遵守午睡常规，安静入睡。在午睡环节，教师要检查幼儿是否带危险品，巡视过程中应做到“一听”“二看”“三摸”“四做”。时刻关注着幼儿，确保幼儿安全						

（3）教师策略

教师在研究的过程中，针对午睡环节出现的安全隐患，找出了应对的策略，如下：

①午睡活动是幼儿在幼儿园生活中的一个重要环节，教师应丰富午睡活动的相关知识，提高对幼儿午睡活动的科学认识和重视程度，并通过教学反思，梳理自己的实践经验。②教师在幼儿入寝前排查幼儿身上的小物品，确保安全。③教师对幼儿睡眠的个体差异必须细心了解，“对症下药”，根据幼儿不同的个性和需要个别地对待，掌握幼儿的午睡情况。④提高警惕，防患于未然。幼儿午睡时，教师必须来回检查，做到“一听”“二看”“三摸”“四做”。教师要注重细节，善于观察幼儿，提高自己的从教水平。⑤教师加强幼儿午睡环节的安全教育，开展形式多样、丰富多彩的系列活动，让幼儿了解午睡与成长的关系，增强幼儿喜欢午睡活动的兴趣。⑥家园共育。

5. 研究结果

本研究从发现问题，到搜集资料、制订个案计划，到和家长及时沟通，达成教育共识，到设计与午睡环节存在安全隐患相匹配的教育策略，最后莹莹午睡养成良好的午睡习惯，前后共历时4个月。经过张老师、班级两位教师和家长的共同努力，通过科学的、系统的教育引导，莹莹的变化很大。午睡环节能遵守班级午睡常规，安静入睡、及时入睡。可见，午睡环节的管理策略与存在的安全隐患是匹配的，发挥着有效的价值。

总之，通过在幼儿一日活动中入园、进餐和集体教育活动中个案的研究，这样的应对策略在如厕、体育游戏、离园等一日活动中的其他10个环节，也同样有效。

五、活动评价

活动评价是活动实施完成之后的一个环节，针对幼儿园入园、盥洗、进餐、如厕、离园等13个环节，我们制定了可操作性强的三级评价指标体系。

第三部分　研究成果及社会影响

一、研究成果

在课题研究实践中，课题组的教师潜心钻研，大胆实践，以课题实施过程中出现的问题为载体，课题组成员不断研究教育教学理论，撰写论文，探讨解决问题的措施，扩大研究成果的社会影响力，为研究成果的推广和应用奠定了良好的理论基础。

（一）实践成果

1. 建构幼儿园日常安全隐患与管理策略的实践研究的理论体系。确立幼儿园日常活动存在的安全隐患，并找出适宜的对策，形成了较为完整、独立、严谨的安全教育知识体系，拓展幼儿安全的狭义理解，树立全程全方位的幼儿安全防护体系，使研究更有系统性、针对性、操作性。

2. 概括了与日常安全隐患相匹配的管理策略。结合幼儿身心发展规律、认知发展及学习特点，重点关注幼儿一日生活中以入园、盥洗、进餐、午睡、体育游戏、离园等13个重要环节存在的安全隐患，找出对应之策，采取儿歌、游戏、主题活动等丰富多彩、通俗易懂的方法，让幼儿在游戏、玩乐中体会、领悟什么是安全，逐渐形成安全意识，掌握自救方法以及应对危险的能力，促进幼儿健康、愉快成长。

3. 幼儿园日常安全隐患与管理策略的实践研究，符合教育规律和幼儿的年龄、学习特点，具有科学性、先进性和实用性，体现了素质教育的核心理念，其成果便于推广。

（二）理论成果

1. 完成了课题研究报告

课题组多次组织课题组成员共同梳理课题研究成果，并分工收集研究资料，历经多次讨论修改，最终完成了本课题研究报告。

经过实践研究，课题组成员的研究能力、组织能力、理论水平都得到不同程度的提高。遇到困难，课题组成员共同商讨或向专家请教，提升了科研能力。在课题研究的过程中，注重理论和实践结合，通过“理论学习—观察实践—跟进调整—再学习”这种循环深入的方式，引领教师对科研研究向纵深发展。

2. 论文创作硕果累累

课题主持人弯丽君老师撰写的论文《幼儿园一日活动中安全教育方法的实践研究》《幼儿园一日活动中安全教育原则的实践研究》等论文已发表在中文核心期刊《教学与研究》。

马林老师撰写的论文《幼儿园安全教育的有效策略》已发表在2019年第17期CN期刊《中国教工》。

课题组成员获奖证书统计表

序号	姓名	获奖名称	发奖单位	获奖时间
1	弯丽君	河南省高层次人才“千人计划”中原领军人才	省组织部 省人社厅	2018. 10
2	弯丽君	《幼儿园安全教育园本课程研究》成果一等奖	省教育厅	2018. 10
3	弯丽君	示范课《小兔历险记》	省基础教研室	2019. 5
4	弯丽君	专题讲座《锤炼技能 实现教师专业发展》	省基础教研室	2019. 5
5	弯丽君	专题讲座《提升专业素养 做合格教师》	省基础教研室	2019. 5
6	弯丽君	成果《幼儿园安全教育园本课程研究》	中国教育创新研究院	2019. 11
7	弯丽君	专题讲座《幼儿园区域活动环境创设》	河南师范大学	2019.12
8	弯丽君	专题讲座《开展园本研修，促教师专业发展》	河南师范大学	2019. 12
9	马　林	论文《幼儿园开展安全教育的有效策略》一等奖	漯河市教育局	2018. 12
10	马　林	论文《浅谈幼儿园安全教育的开展》一等奖	市直幼儿园	2019. 9
11	龚晓莹	成果《浅谈幼儿园礼仪教育的实施与养成策略》	漯河市教育局	2018. 9
12	龚晓莹	河南省中小学幼儿园名师	省教育厅	2019. 5

续表

序号	姓名	获奖名称	发奖单位	获奖时间
13	龚晓莹	论文《抓住细节教育 确保幼儿安全》一等奖	市直幼儿园	2019. 9
14	龚晓莹	磨课研课指导老师	河师大	2019. 11
15	王　科	论文《浅谈幼儿园安全教育》一等奖	市直幼儿园	2019. 4
16	白　杨	论文《浅谈幼儿园安全管理工作》一等奖	市直幼儿园	2019. 4
17	袁晓燕	论文《午休安全的重要性》二等奖	市直幼儿园	2019. 9
18	宋成玉	论文《浅谈幼儿园安全管理的有效措施》二等奖	市直幼儿园	2019. 4
19	李　哲	交通安全主题教育活动优秀指导老师	中国关心下一代工作委员会	2018. 12
20	赵丽敏	优秀游戏活动案例《小超市“变奏曲”》二等奖	省教育厅	2019. 9
21	赵丽敏	优秀游戏活动案例一等奖	漯河教育局	2019. 9

3. 课题成员撰写的论文、安全游戏、安全教案、安全儿歌等结集成册。

二、社会影响

（一）立足实践，创新安全教育理念

破解幼儿园一日生活中存在的安全隐患，提出科学、合理的应对策略，构建符合幼儿身心健康愉快成长的安全教育园本课程体系。

（二）建构幼儿园的安全方式，凸显安全课程

安全教育不是说教完成的，也不是通过告知安全规则完成的，而是在情景化、生活化、活动化中进行。

（三）创新安全游戏课程，提高教育教学质量

幼儿园一日安全教育活动的顺利开展，提升幼儿园的办园品质，为幼儿园的平安、快速发展做出了有益贡献。

（四）保障了幼儿健康的全面发展

通过安全教育，把安全事故杜绝在萌芽状态，构筑起一道防患于未然的

安全墙。让孩子们在教师打造温馨的“童乐园”里尽情地游戏，幼儿感受到了幼儿园的美好、和谐、快乐，教师的细心、关爱、呵护。教师组织的趣味游戏活动丰富了幼儿的感性体验和参与游戏的情趣，增强了安全常识和自我保护技能，逐步养成了观察、善思、专注、认真的学习品质和关心人、爱护人等良好的道德风尚，幼儿得到了全面发展。

（五）提升了教师的安全理念

通过课题研究，促使教师进一步更新教育观念，树立安全意识、创新意识，在指导幼儿安全教育活动的理论水平和实践能力方面得到大幅度提升，科研意识和创新能力得到进一步增强，有利于推进幼儿园整体内涵的跃升。

（六）丰富完善了幼儿园的安全教育

将近两年的实践教学，安全教育与园所发展、教师发展、幼儿发展融为一体，为构建健康、平安校园增光添彩。幼儿园安全教育通过“目标—内容—组织—评价”这一循环往复、不断完善的体系转化为幼儿园安全教育内容，逐步探索出一套适应幼儿身心健康发展规律的创新安全教育模式，推动了市直幼儿园安全教育课程的实施与推广，成为我园安全教育的、比较成熟和有价值意义的创新成果。

（七）幼儿园得到了长足的发展

多年来我园始终把安全教育放在各项工作的首位，形成了比较系统完善的安全教育内容和知识体系，没有发生任何安全事故，先后荣获河南省“消防安全教育示范学校”“河南省安全管理先进单位”等荣誉称号。

（八）成果得到了推广应用

我们安全教育创新探索的优秀成果，赢得了教师、家长及社会的广泛关注、高度评价和认同，不仅将优秀的安全教育理念植根于幼儿心中，传播给每位教师和家长，而且积极带动漯河市、区（县）的10多所省、市级幼儿园，一起探索、一起进步，一起发展，为创建平安幼儿园、和谐幼儿园做出了积极和应有贡献，真正起到了引领、示范、辐射、带动作用。成果的应用与推广落到了实处。

第四部分 研究结论

一、研究的主要结论

研究者从选择这个研究题目开始到检索相关文献资料，基于幼儿园的实际情况，开展实践研究。在活动中发现问题、解决问题，对整个活动进行了评价与总结。本章通过问卷调查和性质分析总结归纳出相关结论。

（一）归集幼儿园日常安全活动中存在的安全隐患

研究者针对漯河市农村、城镇中5所幼儿园的老师和家长，采用了调查问卷的形式进行了幼儿园日常活动中存在的安全隐患定量研究，并结合访谈法，对其中10名园长进行访谈，以探求幼儿园日常活动中可能存在安全隐患的环节以及每个环节中可能存在的隐患，及幼儿园日常安全教育的现状及存在的问题。通过定量的数据分析，得出幼儿园一日活动中在入园、盥洗、如厕、离园等13个环节存在安全隐患。

（二）提炼幼儿园日常安全管理的策略

在5所幼儿园开展行动研究，进行幼儿园日常安全管理策略的教育实践，通过两个阶段的实证研究，在教育实践过程中不断总结、修正和调整幼儿园日常安全管理策略，通过发现问题、分析问题和及时反思调整等方式展开，最终确立科学有效的幼儿园13个环节日常安全管理策略。又通过实施个案进行深入研究，分析验证设想。对样本幼儿园大、中、小班日常安全管理策略的实践进行实证研究和经验提炼，从实践层面对幼儿园日常安全管理策略的效果进行测试和实施，探究出幼儿园日常安全13个环节的管理策略。

（三）建构幼儿园安全教育园本课程

通过幼儿园日常安全管理策略的个案研究，从不同的幼儿园的安全教育实践中提炼意义，建构出一日活动安全园本课程，在13个环节中，各个环节都有具体案例与分析策略，以小故事、儿歌、游戏等形式进行教育教学。在一日活动中，每个环节有序相连，紧密衔接，形成一个完整的整体，具有系统性、完整性、连续性，使此课题更富有教育性、参考性、推广性。

（四）实践研究凝聚特色突出

1. 将定量和定性研究相结合，通过问卷调查和园长访谈，精心梳理出幼儿园一日活动“入园”“盥洗”“离园”中13个环节的安全隐患，细化了研究的切入点。

2. 将问题和对策探讨相统一，针对13个环节中各自安全隐患的特点，精准把握各自可能发生意外伤害的行为特征，据此设计各环节的科学流程，聚焦幼儿园日常安全管理各个要素之间的互动关系，最终形成与之对应的管理策略。

3. 聚理论与实践探究为一体，将课程设计、制度保障、过程监控和效果评价环环相扣，增强了设计流程的可操作性。积极发挥安全教育主体的各自优势，凝聚园长、教师、家长安全教育合力，通过行动研究彰显了安全教育的实践成效。

（五）课题研究凸显主要建树

1. 将幼儿园一日活动精细划分为13个环节，针对不同的活动情境制定各自防范策略，体现了幼儿安全教育的全方位关注；将各活动环节的事前、事中、事后流程化，凸显出对幼儿安全教育的全过程监控；发挥园长、教师、家长各自教育职能，展示了幼儿安全教育的全员性参与。

2. 将安全教育活动的主体、目标、过程作为一个大系统，将各个操作环节及安全要素融入其中，使要素配置与系统功能目标达成相互衔接，展现了研究设计和安全教育实践系统性与功能目标整体性的统一。从某种意义上而言，本研究是此前国内外关于幼儿安全教育研究与实践前所未有的大胆探索。

二、研究中存在的问题

（一）加强理论学习，不断提升专业素养

通过本课题的研究，我们还需要进一步加强理论修养，提高自身指导安全活动的能力，促进教师自身的专业化成长。通过此课题研究，我们将促使每一位教师都成长为反思型、研究型的人才，积淀专业的理论和实践经验，形成具有个人特色的教学成果，为幼儿园安全教育的长足发展做足了充分的准备。

（二）展望未来，任重而道远

本研究在漯河市的五所幼儿园进行实践研究，取得了明显的成效。同时在名师工作室的成员所在的幼儿园，如信阳淮滨县直幼儿园、周口市实验幼儿园等进行了实验实践研究，教师们反应热烈。在日常活动中安全教育的策略的使用，杜绝了安全事故的发生，更好地促进了幼儿愉快健康的成长。特别是幼儿园安全园本课程的利用，课程中游戏、儿歌、安全教案等为教师实际教育教学提供了第一手资料。安全园本课程操作简便，操作性、实用性和针对性强，使用效果较好。在很大程度上来讲，起到了未雨绸缪、防患于未然的积极作用，为幼儿的安全和身心健康发展，撑起了一把绿色安全保护伞。

虽然我们在研究的过程中，总结出了幼儿园日常安全隐患与管理策略的实践经验，在河南省的部分幼儿园使用效果比较好，但是否能在北京、上海及偏远山区的幼儿园使用，需要进一步地去探究，还需要我们认真务实、积极探索，不断地实践、反思、完善，真正做到增强幼儿的自我保护技能，促进幼儿全面和谐发展。

参考文献

著作类

[1] 徐志勇. 学校安全管理：过程、内容与方法［M］. 北京：北京师范大学出版社，2015.

[2] 王德清. 学校管理学［M］. 成都：四川大学出版社，2005.

[3] 田水承，景国勋. 安全管理学［M］. 北京：机械工业出版社，2009.

[4] 李季湄，冯晓霞.《3—6岁儿童学习与发展指南》解读［M］. 北京：人民教育出版社，2013.

[5] 刘晶波. 学前教育研究方法［M］. 北京：人民教育出版社，2006.

[6] 张俊. 幼儿园教师教育丛书：幼儿园科学教育［M］. 北京：人民教育出版社，2004.

[7] 王冬兰. 学前儿童科学教育［M］. 上海：华东师范大学出版社，2010.

[8] 陈向明. 质的研究方法与社会科学研究［M］. 北京：教育科学出版社，2000.

[9] 陈虹. 幼儿科学教育与活动指导［M］. 北京：高等教育出版社，2013.

[10] 杨启光. 学校教育变革中的家庭参与问题研究 [M]. 南京：河海大学出版社，2015.

期刊类

[11] 刘宏，刘梅. 从细节入手　抓好幼儿园安全教育工作 [J]. 吉林教育，2013 (10).

[12] 王悦. 国内幼儿园安全教育现状及改进策略 [J]. 科教导刊 (下旬)，2015 (27).

[13] 刘海燕. 合理安排幼儿园一日活动的几点建议 [J]. 新课程 (下)，2012 (11).

[14] 白占东. 基于安全教育模式下的幼儿教育工作探析 [J]. 考试周刊，2015 (6).

[15] 徐建花. 浅谈幼儿在园一日活动环节中安全教育的开展和防范 [J]. 学周刊，2015 (36).

[16] 陈林文. 如何合理安排幼儿园一日活动 [J]. 时代教育，2014 (10).

[17] 刘敏，张灿灿，刘晶. 新疆幼儿园安全教育现状与实效研究 [J]. 当代体育科技，2012 (35).

[18] 郑立新. 一日生活中“三环节开放”的实践与思考 [J]. 福建教育，2014 (24).

[19] 刘敏. 以趣引路　让科学探究活动更有效 [J]. 早期教育 (教师版)，2013 (12).

[20] 刘占兰.《指南》中的幼儿科学探究——价值取向、目标与实施策略 [J]. 幼儿教育，2013 (16).

学位论文类

[21] 杨翼丞. 我国“家长参与”制度化研究 [D]. 长沙：湖南科技大学，2009.

[22] 王爱菊. 开发和利用家长课程资源研究 [D]. 南京：南京师范大学，2007.

[23] 王治高. 发展教师课程能力的实践探索 [D]. 武汉：华中师范大学，2007.

[24] 邹晓燕. 3—5岁儿童独立性发展特点与影响因素研究 [D]. 大连：辽宁师范大学，2004.

［25］邱文文. 以绘本为载体培养5—6岁幼儿积极情绪的行动研究［D］. 成都：四川师范大学，2017.

［26］滕婉俐. 民办幼儿园安全管理制度运行困境研究——来自J县L园的个案［D］. 扬州：扬州大学，2019.

［27］骆双. 以绘本为载体实施儿童生命教育的行动研究［D］. 成都：四川师范大学，2017.

其他类

［28］中共中央国务院关于深化教育改革全面推进素质教育的决定［Z］. 1999-6.

［29］教育部.《基础教育课程改革纲要（试行）》的通知（教基〔2001〕17号）［Z］. 2001.

第五节　开展的网络研修活动

承载着名师工程建设的期望，弯丽君名师工作室开通了CCtalk网络平台，在幼儿园网站中有“自留地”，建立弯丽君名师工作室微信公众号和学习交流微信群，使之成为工作动态发布、成果辐射推广和资源生成整合的中心。通过互动交流，实现优质教育教学资源的共享。利用名师工作室CCtalk平台，进行了50期的网络直播课堂培训，进入平台参与听课的教师陆续达4万多人，真正起到了示范、引领、辐射、带动作用。

2018年网络研修活动

网络研修活动通知

时间：2018 年 10 月 11 日 19：30

地点：CCtalk平台

内容：《聊聊开题》专题讲座

主讲：胡新颖

主持：郑　娟

请大家准时进群学习，提前做好准备，听课的心得体会，三天后发到名师工作室邮箱，互动环节请大家积极发言，充分利用平台提升自己的专业素养。

中原名师弯丽君工作室

2018年10月10日

网络研修活动封面

网络研修活动主持词

尊敬的胡老师、弯园长，亲爱的小伙伴们，大家晚上好！

今晚是令我们的激动的夜晚、也是我们期待已久的时刻，因为我们工作室很荣幸又一次请来了博学多才、幽默睿智、优雅浪漫的胡新颖老师，让我们用热烈的掌声欢迎胡老师！

胡新颖，中小学高级教师，项城市教研室教研员，省优质课一等奖获得者，河南省学术技术带头人，河南省优秀教研员，主持多项省级课题并结题。担任副主编编著《基础教育教学课题研究十八问（方法篇）》等系列著作。河南大学、河南师范大学、周口师院等院校的国培讲师。在省内及全国多地做过100多场专题讲座。

今天胡老师的授课主题是《聊聊开题》，我想会进一步揭开了课题的神秘面纱，很期待呦，让我们欢迎胡老师开始讲课。

中原名师弯丽君工作室

2018年10月10日

网络研修活动小结

专业始于敬业，专业成就未来。近日，中原名师弯丽君工作室特意邀请到了国内知名课题研究专家胡新颖主任在CCtalk平台上为大家做了《聊聊开题》的精彩讲座，她从为什么要进行课题研究？以及研究课题的一般流程、如何选题、拟题做了详细、清晰、接地气的讲解，我们感觉到原来课题并不是那么难、那么深，使我们很容易找到研究方向，知道要做什么样的研究，一步一步指导大家了解课题，感知课题，学做课题。她指出了开题需要准备的工作，如何撰写开题报告，如何组织开题报告会等相关内容。让老师们如沐春风、醍醐灌顶、豁然开朗！

胡主任的讲座语言风趣，通俗易懂，旁征博引，深入浅出，把困扰我们一线教师难以克服的专业难题，变得易学易做。

听过讲座，老师们纷纷表示，以今天讲座为契机，积极投身到教育科研中，立足实践、努力探索，早日使自己的教科研水平得到质的提升。

网络教研及课题研究的学习，教师们在以后的工作中一定会投入更多的思考，我园的科研水平一定会再上一个台阶。

中原名师弯丽君工作室

2018年10月12日

2019年网络研修活动

【11月】

网络研修活动通知

时间：2019年11月21日19：00

地点：CCtalk平台

内容：《让我们写一本书》专题讲座

主讲：闫　学

主持：龚晓莹

请大家准时进群学习，提前做好准备，听课的心得体会，三天后发到名师工作室邮箱，互动环节请大家积极发言，充分利用平台提升自己的专业素养。

中原名师弯丽君工作室

2019年11月19日

网络研修活动封面

网络研修活动主持词

尊敬的各位老师！各位线上的朋友们！大家晚上好！今天，我们又一次相约在中原名师弯丽君工作室网络公益课堂，我是中原名师弯丽君工作室网络研修主持人龚晓莹。今天晚上，我们有幸邀请到了闫学老师。

闫学，国内知名教育学者，著名语文特级教师，现任杭州市未来科技城海曙小学校长。杭州师范大学硕士研究生兼职导师。多年来，潜心于学校发展课程改革儿童阅读推广与教师专业成长研究，在多个教育领域均有建树，积极倡导“读书就是生活的理念”，2006年名列《中国教育报》评选的年度中国推动读书十大人物，近年来在全国各地开设公开课及作报告近千场，在《人民教育》《中国教育报》等报刊发表文章数百篇。今天晚上，她将为我们分享的内容是《让我们写一本书》。

听完闫老师的讲座，心潮起伏，从今天起，我们是否也要励志做一个幸福新教育人？读书，写作！

一个坚持写作的教师，就会像闫老师那样，学无止境，永不骄傲自满，一辈子做老师，永葆旺盛的青春生命活力，在专业化成长和发展的道路上越走越宽广。各位亲爱的伙伴，今天的中原名师弯丽君工作室网络研修活动到这里就全部结束了，下次网络研修我们再会！

中原名师弯丽君工作室

2019年11月21日

网络研修活动小结

在这美好的初冬时节，中原名师弯丽君工作室CCtalk平台第十四期专题讲座于11月21日晚如期开播。本期特邀国内知名教育学者，著名语文特级教师闫学老师进行讲座。

闫学老师从自己的写作、工作、生活经历谈起。她明确地告诉我们：阅读和写作不要等待，不要找任何拖延的理由，从现在开始就读起来、写起来。从这些话中，我读出了闫学老师的执着，更读出了闫学老师是一位"有心人"，无论教学、读书、写作都是认认真真地去做，用心去做。其间的辛苦可想而知，其间的寂寞可想而知。

闫学老师不仅鼓励我们积极写作，同时也详细讲解了写作的方法。第一阶段：以教育叙事为主的随笔与案例的写作；第二阶段：以读书随笔为主的自由写作；第三阶段：以教育教学研究，反思为主的主题写作。在详细讲解写作方法的同时并鼓励我们积极协作，大胆写作。写作要谨记：心中时刻有读者，时刻有老师，从读者的角度写作，把阅读和写作当作生活的方式。

闫学老师对阅读与写作的热爱影响了更多的人投入到读书、写作中来，影响着、带动着更多的人成长起来。正如闫学老师所说：“阅读，远方的光亮；写作，向上的天梯；在写作中开启写作之旅！”

中原名师弯丽君工作室

2019年11月21日

【12月】

网络研修活动通知

时间：2019年12月25日19：00

地点：CCtalk平台

内容：《作为教师通用能力的读与写》专题讲座

主讲：张文质

主持：赵丽敏

请大家准时进群学习，提前做好准备，听课的心得体会，三天后发到名师工作室邮箱，互动环节请大家积极发言，充分利用平台提升自己的专业素养。

中原名师弯丽君工作室

2019年12月23日

网络研修活动封面

网络研修活动主持词

各位亲爱的小伙伴们，尊敬的弯园长、张文质老师，大家晚上好，我是中原名师弯丽君工作室的主持人：赵丽敏。今天我们有幸邀请到了我国著名学者，家庭教育专家张文质老师。首先，请允许我向大家对张老师做一些介绍：

张文质老师，我国著名学者，家庭教育专家，生命化教育发起人，教育公益研修“教育行走”项目创始人。植根中小学与家庭教育研究30多年。出版了《教育是慢的艺术》《奶蜜盐——家庭教育第一定律》等二十多部教育专著。二十多年来在全国各地做过千场以上的教育讲座。所倡导与主持的生命化教育研究项目学校遍布全国近二十个省区。2018年创办了张文质家庭教育研究院，致力于新父母成长课程开发与实施、文质读书会推广等工作。

接下来，我们掌声有请张老师，开启《作为教师通用能力的读与写》的分享，有请张老师。

感恩和感谢张老师的精彩分享《作为教师通用能力的读与写》，阅读，无限接近真正的教育。相信通过张老师的讲座大家都有自己的所思所想，接下来把宝贵的时间交给小伙伴们，大家有什么感悟或者问题可以畅所欲言，老师们可以踊跃发言。

感谢弯老师和张老师给我们指明了方向和定位。只有不断地阅读、写作，不断地思考，不断地教育行走，我们的世界才会越来越广阔。相信今天大家都会学有所获，并学以致用！祝愿大家平安幸福快乐！

中原名师弯丽君工作室

2019年12月25日

网络研修活动小结

寒冷的冬夜也阻挡不住中原名师弯丽君工作室学员们学习的热情！中原名师弯丽君为了提升工作室成员的读与写的水平，特邀著名学者张文质老师做《作为教师通用能力的读与写》专题讲座。

为什么要去阅读？张文质老师说："我们要想获得家长们的认可、尊重和敬佩，我们就要做专业化的教师，怎样才能做专业化的教师？唯有阅读方可！因为：阅读，无限接近真正的教育。"

一、教育学才是人学；二、教育必须以研究人为出发点；三、教育无不以成全人为自己的依归；四、唯有阅读才能实现文化的传承与教育的进步。张文质老师从四个方面阐述了阅读的重要性。作为教师要读经典和相关专业类的书籍。

感谢中原名师弯丽君园长给我们提供的学习平台，感恩张文质老师如行云流水般自由，灵动的分享和引领。相信中原名师弯丽君工作室的小伙伴们，都会紧随弯丽君园长的步伐，学习，成长！早日有新的幼教专著呈现，为幼教的发展做出自己最大的贡献！加油！

中原名师弯丽君工作室

2019年12月25日

2020年网络研修活动

【4月】

网络研修活动通知

时间：2020年4月15日19：30

地点：CCtalk平台

内容：《疫情防控时期幼儿安全教育的管理策略》专题讲座

主讲：弯丽君

主持：龚晓莹

请大家准时进群学习，提前做好准备，听课的心得体会，三天后发到名师工作室邮箱，互动环节请大家积极发言，充分利用平台提升自己的专业素养。

中原名师弯丽君工作室

2020年4月10日

网络研修活动封面

网络研修活动主持词

尊敬的各位领导，小伙伴们大家好：

阳春四月，鲜花盛开。又到了中原名师弯丽君工作室网络研修时间了，我是弯丽君工作室网络研修主持人龚晓莹。为认真贯彻落实习近平总书记系列重要指示批示和全国疫情防控工作电视电话会议精神，落实省教育厅《关于疫情防控期间做好全省中小学教师教育教学工作的通知》，做好“延期不延训”“延期不延学”新冠肺炎疫情防控时期的培训工作，指导幼儿园教师专业成长，漯河市教育局依托中原名师弯丽君工作室组织开展以“疫”战到底、“幼”创佳绩为主题的线上教师教研培训活动，自4月15日至25日，为期11天。

今天晚上我们有幸邀请弯丽君园长拉开第一讲的序幕，她将带领大家进行《疫情防控时期幼儿安全教育的管理策略》。弯丽君园长，本科学历、中小学正高级教师、现任漯河市市直幼儿园副园长，中国家庭教育指导师、中国教师研修网2017—2019年度学科指导专家，荣获河南省高层次人才、中原千人计划、中原领军人才、中原教学名师、中原名师、河南省教师教育专家、河南省优秀教育管理人才等荣誉称号。她长期致力于科研课题的研究。曾主持和参与完成省级以及省级以上科研课题8项、主持的科研课题分别获河南省基础教育教学成果一等奖、河南省教育科学研究优秀一等奖等四项，发表学术论文四十多篇，出版两部专著。2015年至今，她兼任河南省师范大学、许昌学院等多地高校国培计划讲座教授，先后在北京、新疆哈密、郑州等全国各地市举办主题讲座三十多场。近年来，在名师工作室建设、课题研究、区域活动的组织与实施、园本课程的开发及安全教育等方面有深入的研究。

下面让我们用鲜花和掌声有请弯丽君园长开启精彩的讲座。

感谢弯园长精彩的讲座，下面是小伙伴们自由分享自己的感受，大家可以抢麦发言。

感谢大家的参与和支持，感谢弯园长的精彩讲座，晚安！

中原名师弯丽君工作室

2020年4月15日

网络研修活动小结

2020年4月15日中原名师弯丽君老师以课题《疫情防控时期幼儿安全教育的管理策略》的讲座，拉开了此次线上教师教研培训系列活动的序幕。弯老师从疫情防控期幼儿宅家安全和幼儿园一日活动存在的安全隐患和管理策略两个方面结合实际案例深入浅出地进行阐述，并提出了相应的安全管理方法与策略。

疫情防控期的幼儿宅家安全防护，弯老师从幼儿的身心健康发展、消防安全、防疫安全、居家安全、饮食安全、用水安全等方面提出幼儿居家应注意的事项。在幼儿园一日活动存在的安全隐患和管理策略讲座中，弯老师通过对家长、教师的调查、分析，以饼状数据图的形式直观明了地让教师看到幼儿园一日活动中存在安全隐患较大的环节。通过对一日活动13个环节的网格化地详细讲解。不仅在每个环节阐明了可能存在的安全隐患，又提出了科学合理的应对策略。既有教育性，又有实用性。提升了教师的安全意识和安全教育水平。

今晚的中原名师弯丽君工作室公益课直播讲座中吸引了近1600名教师参与，大家在讲座中认真聆听，结束后相互分享自己的感悟和心得，表示今晚的公益课不仅富有教育性，实用性和操作性，更提升了教师安全意识与专业素养。

中原名师弯丽君工作室

2020年4月15日

网络研修活动通知

时间：2020年4月18日19：30

地点：CCtalk平台

内容：《幼儿园区域活动后的分享与评价》专题讲座

主讲：张抗抗

主持：秦小兵

策划：弯丽君

宣传：马　林

制作：赵　霜

请大家准时进群学习，提前做好准备，听课的心得体会，三天后发到名师工作室邮箱，互动环节请大家积极发言，充分利用平台提升自己的专业素养。

中原名师弯丽君工作室

2020年4月10日

网络研修活动封面

网络研修活动主持词

尊敬的各位领导、亲爱的老师和各位名师工作室的小伙伴们大家晚上好！

红粉暗随流水去，园林渐觉清阴密的暮春时节，我们相约在中原名师弯丽君工作室公益网络研修CCtalk平台，我是今晚的主持人秦小兵。今晚已经是我们中原名师弯丽君工作室公益网络研修的第四场教师教研培训活动。

幼儿园区域活动是幼儿一种重要自主活动形式，为了幼儿在区域活动中自由、快乐、健康地成长，实现“玩中学、做中学”。老师们提前布置区域环境，精心设计、制作、投放适宜的材料，活动中观察记录幼儿与材料，幼幼间的互动表现，适时为有需要帮助的幼儿提供间接指导和帮助，激发幼儿探索的兴趣和耐力。

今天，我们一起聆听漯河市市直幼儿园张抗抗老师带来的讲座《幼儿园区域活动后的分享与评价》，张抗抗是中小学高级教师，河南省名师，国家三级心理咨询师，家庭教育指导师，漯河市市直幼儿园保教主任，中原名师弯丽君工作室成员。先后被评为市幼儿园教育专家、市优秀教师、市师德先进个人。下面有请我们知性而美丽的张抗抗老师。

今天晚上的网络研修学习，特别感谢大家的积极参与和支持，由于时间关系，我们今晚的网络研修活动到这里就要结束了。明天同一时间，我们再相会！

中原名师弯丽君工作室

2020年4月18日

网络研修活动小结

《纲要》中明确规定："教育评价是幼儿园教育工作的重要组成部分，是了解教育适宜性、有效性，调整和改进工作，促进每一个幼儿发展，提高教育质量的必要手段。" 张主任的讲座《幼儿园区域活动后的分享与评价》，给予了我们细致而规范化的指导。让我们掌握了如何正确地在区域活动的最后一个环节分享与评价中，使幼儿以更大的兴趣、高涨的热情去期盼和投入下一次区域活动。

以后的工作中我们需要快速提升观察能力，借助疫情期间学习的多媒体使用方法详细记录孩子区域活动中表现，根据每天发现的教育契机，灵活运用分享与评价的方法，促进孩子发展，提升自身专业化成长。

中原名师弯丽君工作室

2020年4月18日

网络研修活动通知

时间：2020年4月20日19：30

地点：CCtalk平台

内容：《遇见最美的自己——从教师礼仪开始》专题讲座

主讲：龚晓莹

主持：赵丽敏

请大家准时进群学习，提前做好准备，听课的心得体会，三天后发到名师工作室邮箱，互动环节请大家积极发言，充分利用平台提升自己的专业素养。

中原名师弯丽君工作室

2020年4月10日

网络研修活动封面

网络研修活动主持词

尊敬的各位领导！各位老师！各位线上的朋友们！大家晚上好！我是中原名师弯丽君工作室网络研修主持人赵丽敏。今天晚上，我们有幸邀请中原名师工作室成员龚晓莹老师，她将为我们分享《遇见最美的自己——从教师礼仪开始》。龚晓莹，中小学高级教师，河南省普通话水平测试员，河南省名师，中央教育科研科所讲师团兼职讲师，中国家庭教育指导师，现任漯河市市直幼儿园保教主任。龚老师先后获得河南省优秀团干、漯河市优秀教师等。

各位亲爱的小伙伴们送出我们的鲜花和掌声，下面有请龚晓莹主任开启我们今晚的最美遇见之旅。

遇见最美的自己——让我们懂得了学习礼仪是一门必修课，作为教师，我们要用礼仪观念滋润心灵，用礼仪准则规范言行，加强礼仪上的学习提升自身修养。感恩龚主任的分享、感谢大家聆听，我是中原名师弯丽君工作室网络研修主持人赵丽敏，明天同一时间，敬请关注！

中原名师弯丽君工作室

2020年4月20日

网络研修活动小结

时代的发展对教师的素养和形象提出了更高更新的要求。教师学习和践行礼仪非常必要，更是顺应时代要求。

首先，龚老师带我们重温了教师礼仪的概念。

其次，龚老师耐心、详细地从仪态礼仪、着装礼仪、介绍礼仪、握手礼仪、交通礼仪、餐饮礼仪等方面进行了规范的引领。

接着，龚老师结合自己幼儿园的礼仪品格特色教育，让老师们明白了在幼儿园该如何实施礼仪教育。

最后，龚老师勉励幼教同人们："知师易得，人师难求。"为了祖国的花朵拥有一个幸福成功的人生，为了我们民族未来文明的发展，要不断地提升自己的修养。

听了龚老师的讲座，认识到：只有以礼仪规范为标准，在生活或工作中不断的加强和提升自身的礼仪素质，打造自我的魅力形象，才能跟上新时代和社会发展的脚步。

中原名师弯丽君工作室

2020年4月20日

网络研修活动通知

时间：2020年4月23日19：30

地点：CCtalk平台

内容：《幼儿园教师听评课的方法和技巧》专题讲座

主讲：马　林

主持：史玉玲

请大家准时进群学习，提前做好准备，听课的心得体会，三天后发到名师工作室邮箱，互动环节请大家积极发言，充分利用平台提升自己的专业素养。

中原名师弯丽君工作室

2020年4月10日

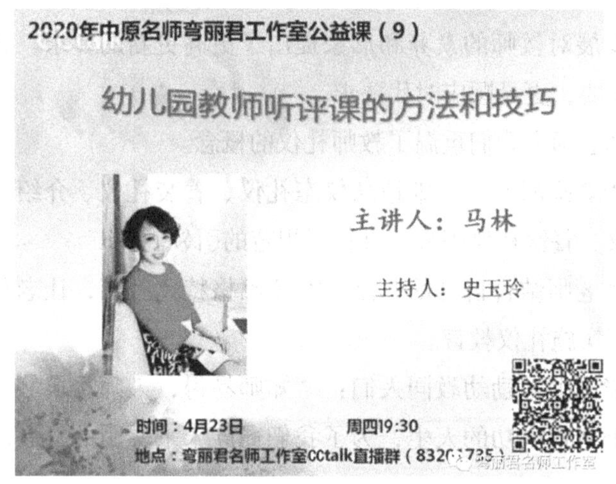

网络研修活动封面

网络研修活动主持词

尊敬的各位领导、亲爱的老师和各位名师工作室的小伙伴们！大家晚上好！我是今晚的主持人史玉玲。

今晚为我们带来精彩分享的是中原名师弯丽君工作室的马林老师！下面请允许我介绍一下马老师！

马林，女，中共党员，河南省幼儿园名师，中小学高级教师，中国家庭教育指导师，国家级三级心理咨询师。现任市直幼儿园办公室主任，是中原名师弯丽君工作室成员。她先后被评为漯河市优秀教师、漯河市优秀班主任、漯河市师德标兵等荣誉称号。

作为听课者应该从哪些方面去观摩，去评议老师的教学活动呢？怎样的听课评课才有效呢？小伙伴们，送出我们的鲜花和掌声，有请马老师带来《幼儿园教师听评课的方法和技巧》的精彩分享，有请马老师！

听课、评课作为我们提高教育教学水平的有效途径，作为提升教师素质的重要方式，一直被我们重视，但听课评课到底有什么意义？马老师给我们做出了明晰、具体、全面的指导，谢谢马老师的真心指教，也感谢各位小伙伴的耐心陪伴。最后，让我们的手成为推动树的手，让我们的口成为推动云的口，让我们的灵魂唤醒更多的灵魂。让我们再次以热烈的掌声，感谢马老师为我们带来的精彩讲座！今晚的活动到此结束，小伙伴们，我们明天同一时间，再见！

中原名师弯丽君工作室

2020年4月23日

网络研修活动小结

2020年4月23日晚，中原名师弯丽君工作室成员、漯河市市直幼儿园办公室主任马林老师在中原名师弯丽君工作室CCtalk平台上进行了《幼儿园教师听评课的方法和技巧》专题讲座。

马老师分别从什么是听评课、为什么要组织听课评课、怎样有效地进行听课评课三方面深入浅出地进行了耐心细致的讲解，指出了教师在听课评课中存在的问题：重听轻评、敷衍了事、平淡肤浅、面面俱到、参评面窄、评新弃旧，并通过生动的案例向大家传授了听课评课的方法和技巧，令聆听的小伙伴们醍醐灌顶，受益匪浅。

直播结束后，大家纷纷表示：马老师的讲座让我们茅塞顿开，收获颇丰，对如何听课评课有了更深的认识，也更清楚地意识到听课评课对教师专业成长的重要性。在今后的工作中，我们一定会积极参与到听课评课的活动中，取长补短，努力提升自己的业务水平。

中原名师弯丽君工作室

2020年4月23日

网络研修活动通知

时间：2020年4月24日19：30

地点：CCtalk平台

内容：《幼儿园歌唱教学活动的有效策略》专题讲座

主讲：路雪萍

主持：祝珊珊

请大家准时进群学习，提前做好准备，听课的心得体会，三天后发到名师工作室邮箱，互动环节请大家积极发言，充分利用平台提升自己的专业素养。

中原名师弯丽君工作室

2020年4月10日

网络研修活动封面

网络研修活动主持词

尊敬的各位领导、亲爱的老师们大家晚上好！我是中原名师弯丽君工作室的网络研修主持人祝珊珊。今晚为我们带来精彩课程的是中原名师弯丽君工作室的路雪萍老师！

路雪萍，中小学一级教师，是中原名师弯丽君工作室首批成员。

怎样在教育教学活动中有效地开展我们的歌唱活动，下面就有请路雪萍老师给大家带来的讲座《幼儿园歌唱教学活动的有效策略》。请在线的老师和小伙伴们送上美丽的鲜花和掌声吧！

今晚的网络研修学习，感谢弯园长为我们搭建了学习交流的平台，感谢路老师的精彩分享，感谢弯园长工作团队背后默默的付出，也感谢小伙伴们的认真聆听，我是中原名师弯丽君工作室的网络研修主持人祝珊珊，明天晚上七点半，线上有约，不见不散。

中原名师弯丽君工作室

2020年4月24日

网络研修活动小结

歌唱是早期音乐教育的基础，是培养幼儿基础素质和能力的重要组成部分，是落实《3—6岁儿童学习与发展指南》，促进幼儿全面发展不可缺少的内容之一。

首先，路老师从歌唱教学的意义和教育价值讲起，带领大家再次巩固了什么是歌唱？歌唱的教育价值，歌唱的教学准备等方面让大家了解一下歌唱对幼儿的重要性，使大家明确了歌唱教学的方向。

其次，针对歌唱教学的指导目标进行了详细的讲解，老师们从中了解到歌唱教学的教育目标，就是让幼儿喜欢歌唱，爱上歌唱，从而愿意自主地歌唱。

最后，关于歌唱教学的简单知识和技能、歌唱材料的选择以及歌唱活动的评价与反思三个方面进行了详细的阐述。

一场讲座，一次学习，一次引领，一次感悟。让我们伴随美妙的音乐，感受讲师风采。达成共同愿望，让孩子们在歌唱活动中感受游戏带来的快乐，在快乐中获得知识和技能，满足孩子们心理需求。一路歌唱到永远。

中原名师弯丽君工作室

2020年4月24日

网络研修活动通知

时间：2020年4月25日19：30

地点：CCtalk平台

内容：《教师专业化成长的路径》专题讲座

主讲：弯丽君

主持：王丽亚

请大家准时进群学习，提前做好准备，听课的心得体会，三天后发到名师工作室邮箱，互动环节请大家积极发言，充分利用平台提升自己的专业素养。

中原名师弯丽君工作室

2020年4月10日

2020年中原名师弯丽君工作室公益课（11）

教师专业化成长的路径

主讲人：弯丽君

主持人：王丽亚

时间：4月25日　周六19:30

地点：弯丽君名师工作室CCtalk直播群（83201735）

网络研修活动封面

网络研修活动主持词

尊敬的老师们晚上好！欢迎第十一次相约在CCtalk网络研修平台。今晚是本次培训公益课的最后一课。我是王丽亚，很高兴作为弯丽君园长的主持人和大家相遇在这里。

今晚弯园长将以《教师专业化成长的路径》为主题做精彩的讲座，如果大家在教师专业成长方面有什么见解或者困惑，可以在讲座结束后参加互动研讨。

教师的专业成长是通过个人的努力和集体的培养，从而达到教学技能和教育素养逐渐成熟的过程。不同水平教师专业成长的途径各不相同，作为幼儿教师，要根据自己的成长需求，不断拓展自己知识的深度和广度，不断进行教育理念与教育能力的更新。

尊敬的老师们，连续11天的中原名师弯丽君工作室网络教育教学培训公益课到现在圆满结束，感谢大家每天的参与学习！谢谢！

中原名师弯丽君工作室

2020年4月25日

网络研修活动小结

2020年4月25日晚，中原名师弯丽君园长在线进行了一场专业而精彩的专题讲座《教师专业化成长的路径》。

首先，弯园长深入浅出地，就目前幼儿教师专业化发展，为什么促进教师专业化发展以及教师专业化成长的路径三个方面阐述了自己的观点和看法。

接着，弯园长针对目前国家、社会、个人三个层面讲述幼儿教师专业化成长已经迫在眉睫，只有不断地学习、计划、行动、反思，才能成为一名专业的幼儿教师。因此，专业成为幼儿教师安身立命的必修课。

要想成为专业的幼儿教师，除了了解幼儿的能力，阅读，写作，反思也是幼儿教师的必修课。如何进行阅读，什么时候读，怎么有效阅读，弯园长给了大家很多好的建议和方法，大家都觉得如获至宝。

中原名师弯丽君工作室

2020年4月25日

【7月】

网络研修活动通知

时间：2020年7月24日19：30

地点：CCtalk平台

内容：《教师专业写作进阶之路》专题讲座

主讲：郝晓东

主持：王　霞

请大家准时进群学习，提前做好准备，听课的心得体会，三天后发到名师工作室邮箱，互动环节请大家积极发言，充分利用平台提升自己的专业素养。

中原名师弯丽君工作室

2020年7月20日

网络研修活动封面

网络研修活动主持词

尊敬的郝老师、弯园长和各位名师工作室的小伙伴们！大家晚上好！

本次网络研修，中原名师弯丽君工作室以阅读与写作、家庭教育、教师专业化成长三个篇章为依托开展教师系列教学讲座，欢迎各位老师的聆听和学习。今天为我们带来精彩直播课程的是新教育实验网络师范学院执行院长郝晓东老师。

郝晓东老师，苏州大学在读博士，中国陶行知研究会理事，新教育实验网络师范学院执行院长，常春藤读书会会长，中国教育报2017年全国推动读书十大人物，《中国教师报》专栏作者，《教师博览》签约作者。出版《给青年教师的四十封信》《改变教育的十二个关键词——啃读教育经典》。

话不多说，接下来让我们就与郝晓东老师一起穿越文字，去感受写作之美，开启相聚在一起的学习之旅。下面用掌声和鲜花，有请郝老师开始精彩的《教师专业写作进阶之路》的课程分享。

今晚的讲座我们大家都收获满满，对于教师写作，就像郝老师所说，我们要调整心态，无论是写作还是阅读都是通往成长的方式，如果内心没有对成长的渴望，任何形式都无法打动他，这场讲座我想许多老师包括我自己，也需要时间去消化吸收，一场讲座就像一颗种子，希望能在你我心中生根发芽。

中原名师弯丽君工作室
2020年7月24日

网络研修活动小结

教师写作是专业化成长过程中思想升华的关键一步，是把教育实践经验与教育理论紧密联系完善自我的过程，也是提高教育自觉与自信的理性思维过程，教师写作思维过程就是主动进行教学研究的过程。2020年7月24日晚，中原名师弯丽君工作室网络研修平台邀请到了新教育实验网络师范学院执行院长郝晓东老师做客平台，他带来的专题讲座是《教师专业写作进阶之路》。

郝老师在开场就提出了两个问题：

1. 我们都知道写作很重要，然而我们为什么迟迟不敢下笔？

2. 为什么我们写不出一篇我们满意的文章？

围绕这些问题，郝院长为我们做了详尽的解答。郝院长告诉我们迈出写作的第一步不是学技术，而是调整心态。不要害怕自己写得差，从写好一段话开始，用正确的方法联系，坚信自己会越写越好的。

在将近两个小时的时间里，郝老师讲得精彩，大家听得起劲，直到讲座结束大家都直呼听的是意犹未尽。小伙伴们纷纷表示经过郝老师的点拨，自己在写作能力方面又得到了许多宝贵的知识，并从现在做起，从眼下开始，从先写好一段话开始，坚持不懈地进行自己的写作之路。

中原名师弯丽君工作室

2020年7月24日

网络研修活动通知

时间：2020 年 7 月 25 日 19：30

地点：CCtalk平台

内容；《阅读、教学与写作》

主讲：肖　川

主持：常　靖

请大家准时进群学习，提前做好准备，互动环节积极参与发言，充分利用平台提升自己的专业素养。

中原名师弯丽君工作室

2020年7月24日

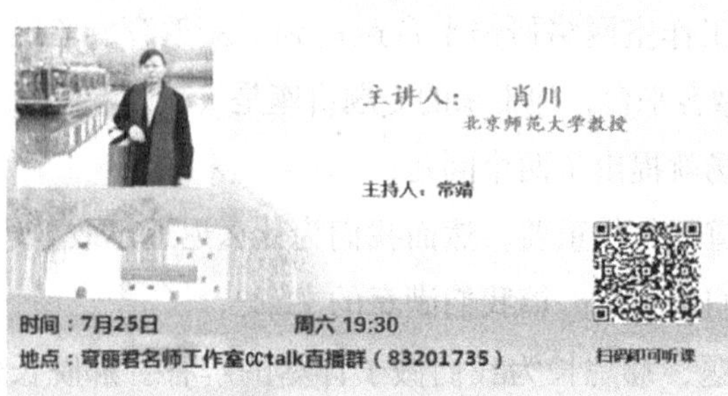

网络研修活动封面

网络研修活动主持词

尊敬的肖川教授、弯丽君园长及名师工作室的小伙伴们，大家晚上好！

我是今晚的主持人，淮阳区实验幼儿园常婧。今天，我们有幸请到了北京师范大学教育学博士肖川教授：

肖川教授：北京师范大学教育学部教育基本理论研究院教授，博士生导师，英国教育哲学协会会员；北师大生命教育研究团队负责人，是《人民教育》《中国教育报》等多家媒体的特邀作者。出版了《教育的理想与信念》等20多部著作，他在全国各地的讲学已经有2000余场，受到大家的一致的好评，是我国生命教育领域的开拓者之一。今天肖教授给我们是《阅读、教学与写作》的精彩讲座。

感恩感谢肖教授的精彩分享，“如果不读书，行万里路也不过是个邮差”。“读什么书，怎么读？如何深度阅读？”每天幼儿离园时让孩子有意记忆。肖教授交给了我们方法。如何把阅读、教学、和写作有机整合，变成我们每位老师的必修课，在阅读中积淀，在教学中成长，在写作中提炼升华我们的专业知识，感受职业的幸福，享受职业幸福感。

感谢肖教授的倾情付出，感谢中原名师弯丽君工作室背后辛苦的团队，还有平台前坚持听课的小伙伴们。大家辛苦了！今天的课程就到此结束了，谢谢大家的聆听！！！

中原名师弯丽君工作室
2020年7月25日

网络研修活动小结

肖川教授的讲座包含阅读、教学与写作三个部分的内容，阅读的价值是：益人心智、怡人情性、变化气质、滋养人生。教学方面：教学要帮助孩子更好地认识世界，让孩子从狭隘走向广阔。要创造教学情景，让孩子在情景中获得成长。写作方面：丰富学识、梳理思绪、提高口头语表达的精准度、完善生活的态度、获得成就感、提升阅读的品质、提高对作品的鉴赏力和升华教育情怀。肖川教授说："写作不是教师的主要任务，但是写作是教师个人成长的有效途径。"

让我们深度阅读自己感兴趣的书，科学地设计并实施教育教学活动，在写作练笔中获得个人成长，更好地为我们热爱的幼教事业努力奋斗。

中原名师弯丽君工作室

2020年7月25日

【8月】

网络研修活动通知

时间：2020年8月2日19：30

地点：CCtalk平台

内容：《幼儿教师专业发展的核心素养》

主讲：叶平枝

主持：路雪萍

请大家准时进群学习，提前做好准备，互动环节积极发言，充分利用平台提高自己的专业素养。

中原名师弯丽君工作室

2020年8月1日

网络研修活动封面

网络研修活动主持词

尊敬的叶教授、弯园长、亲爱的小伙伴们：

经过两天的短暂休息之后，我们再次相聚在中原名师弯丽君工作室的CCtalk平台上，开启第三篇章“教师专业化成长”的第一讲。

大家晚上好，我是漯河市市直幼儿园的路雪萍老师，很荣幸担任中原名师弯丽君工作室公益直播课的主持。

为了提高教师们的专业化发展，中原名师弯丽君工作室有幸邀请到叶平枝教授为我们开展专题讲座《幼儿教师专业发展的核心素养》。

下面请允许我隆重介绍叶平枝教授。叶平枝教授，博士生导师，广州大学教育学院学前与特殊教育研究中心主任，中国学前教育研究会教师发展专业委员会副主任，世界学前教育组织（OMEP）中国委员会委员，教育部国培专家库成员，学前教育研究杂志编委。

研究领域：幼儿园课程与教学，幼儿教师的日常评价等。

今天叶平枝教授的讲座内容是《幼儿教师专业发展的核心素养》。话不多说，接下来宝贵的时间交给叶平枝教授，请小伙伴们用热烈的掌声和鲜花欢迎叶教授给我们带来精彩分享。

今天，叶教授给我们上了一堂有厚度的专业化幼儿教育核心素养课，而教育是一种心的事业，越熟悉我们的内心领域，我们的教学就越稳健，我们的生活就越踏实。叶教授利用很多案例指引我们教师不断地学习思考，反思教育教学工作，激情可以击退职业倦怠，成长中的教师更有价值。叶教授还引用了许多著名的教育家的案例和名言，拓展了我们新的知识和思考。再次感谢叶教授、弯园长和小伙伴们！

中原名师弯丽君工作室

2020年8月2日

网络研修活动小结

两个小时的讲座，让听课的老师们按捺不住内心的激动，积极参与互动研讨，分享自己的收获。

教师专业成长，是一个终身学习的过程，是一个不断发展新问题、解决新问题的过程，是一个教师的职业素养、职业道德、职业情感、职业理想不断成熟、创新与提升的过程。这一过程不仅需要教师自身通过主动学习和努力，提高自己的专业能力，而且需要创设良好的外部环境。在教师的专业成长中，自身努力与外部环境这两方面条件是相互作用、相互促进、缺一不可的。

中原名师弯丽君工作室

2020年8月2日

2021年网络研修活动

网络研修活动通知

时间：2021年1月19日19：30

地点：CCtalk平台

内容：《相信写作的力量》

主讲：褚清源

主持人：王旭阳

策划：弯丽君

宣传：马　林

制作：赵　霜

请大家准时进群学习听课，这个篇章是大家比较聚焦、急需解决的问题，信息网在专家指导下，有所收获！

中原名师弯丽君工作室

2021年1月18日

网络研修活动封面

网络研修活动主持词

尊敬的弯园长、褚主编，亲爱的小伙伴们：

大家晚上好！

我是鄢陵县县直幼儿园的王旭阳老师，非常荣幸也非常开心担任今晚直播课的主持。

今晚我们非常幸运地邀请到了褚清源主编来为我们指点迷津、答疑解惑。让我们用鲜花和掌声欢迎褚主编的到来！

褚清源：教育媒体人，中国教师报记者，《中国教师报·课改研究周刊》主编，参与创办《中国教师报·现代课堂周刊》和《中国教师报·民办教育周刊》。出版有《给民办学校N条建议》等。话不多说，接下来的宝贵时间交给褚主编，请小伙伴们用鲜花和掌声请出我们的褚主编！

在两个多小时的时光中，本场讲座已经接近尾声了，再次感谢褚主编为我们带来的精彩讲授，感谢弯园长为我们创造这么好的学习交流平台。今天的活动到此结束，再次感谢大家的积极参与和陪伴，明晚有约，不见不散！

中原名师弯丽君工作室

2021年1月19日

网络研修活动小结

新年伊始万象更新，在这个冬日暖阳的季节里，弯丽君名师工作室专题讲座拉开了帷幕，应工作室成员的需求，本次讲座活动为期三天，利用CCtalk网络平台给大家带来关于如何写作论文，如何发表文章等内容，为大家解疑答惑，为大家奉上一顿丰盛的精神大餐。今晚的讲座由《中国教师报·现代课堂周刊》褚清源主编，为大家做《相信写作的力量》专题讲座。

褚主编先给大家说“我今天不是来教大家写作的，而是来唤起大家写作的热情，并告诉大家学会写作的唯一办法就是坐下来写”。并且让我们共读、共做、共写来提升自己的写作能力。

然后褚主编又给大家讲解了写作的三问、开启写作的三个建议以及如何来撰写教育自传等方面进行了讲解。同时又通过三位老师的事例来告诉大家写作对于人生发现方向的重要性。其次，褚主编又为大家讲解了为什么有的老师或学生有写作的障碍以及如何去克服这些障碍。

最后，褚主编用“手指能指出月亮的方向，但月亮不在手指上！”结束了今晚的讲座。相信自己，相信写作的力量。敢于写、坚持写比写得完美更重要。勇敢地拿起笔写作吧。相信我们会因写作，让阳光照见；因写作，让人生丰盈；因写作，让我们从优秀走向卓越！

中原名师弯丽君工作室

2021年1月19日

第六节　开展的国培项目活动、送教下乡

送教下乡显情怀，交流辐射传爱心

工作室成员一方面在导师的引领下，实现各方面的自我成长，另一方面，工作室成员还要成为学科教学的示范者和青年教师成长的帮扶者。五年来，工作室成员多次送教下乡培训，进一步放大名师效应，给工作室成员搭建了展示、研究的平台，也给送教园所教师提供了学习、交流的机会。送教活动，不仅是送去精彩的课例，更主要的是为乡镇幼儿教师送去幼教新理念，有效搭建了城乡幼儿教育协同发展的桥梁，对提升乡镇幼儿园教师业务能力起到了很好的帮扶作用，也加强了城乡幼儿园之间教育教学交流，实现教学互助，共同成长。

弯丽君名师工作室“国培计划（2019）”

——河南省幼儿教师送教下乡（上蔡县）

根据“国培计划（2019）”相关文件精神及省教师〔2019〕515号文件，结合上蔡县学前教育发展情况及幼儿教师实际需求，特制定上蔡县幼儿教师培训实施方案：

一、送培学科、参训学员及人数

培训学科：学前教育

送培院校：河南师范大学教育学部

参训学员：学前教育专任教师100人

二、培训时间、地点

培训时间：第二次11月29日、30号、12月1日

上午：8：30—11：30，下午：1：30—4：30

培训地点：上蔡县第一小学

三、培训目标

送教下乡项目的目标任务是：依托本地培训团队，整合区域外专家资源，采取任务驱动方式，开展送教下乡培训，以送教下乡培训带动校本研修，创新乡村教师培训模式，提升乡村教师培训实效。具体目标：1.帮助上蔡县打造一支由教研员和幼儿园一线骨干教师组成的县级幼儿教师培训团队，能够承担起上蔡及辖内乡镇幼儿教师培训任务。2.围绕幼儿园五大领域开展主题培训。3.支持组建县域内外专家团队对薄弱幼儿园进行指导。4.通过磨课、研课、评课等活动提升教师课堂教学能力。5.对其中优秀的示范课、小讲座进行打磨，形成优质培训资源，帮助建立上蔡县培训资源库。

活动照片

"国培计划（2019）"幼教送教下乡活动小结

为了进一步深化课程改革，充分发挥弯丽君中原名师工作室名师、骨干教师的引领、示范作用，帮助乡镇幼儿教师更新教育教学理念，解决教师在五大领域教学工作中遇到的困惑及问题，促进教师专业水平的提高。2019年11月29日至30日，河南师范大学教育学部委托弯丽君中原名师工作室名师、骨干教师到上蔡县县直幼儿园进行送教下乡培训，参与这次培训活动的有马林、龚晓莹、路雪萍、宗焕芹四位老师。

11月29日，听评了三节展示课：大班健康《迪士尼之勇敢者道路》、大班音乐《非洲欢迎你》、大班绘本《好消息坏消息》，三位教师在教学过程中都体现了全新的"以幼儿为本"的教育理念，同时以幼儿的需要兴趣为出发点组织不同形式的游戏活动。热烈有效的师幼互动不仅调动了孩子们参与的积极性，也感染了所有在场听课的老师们。

11月30日，全体与会成员分两个场次进行了现场说课、评课以及教研活动。在弯丽君名师工作室人员的精心组织下，大家进行了多方面的研讨：学员议课、提问，执教老师解疑答惑，专家现场点评……场面气氛热烈，老师们在互动研修中交流自己的想法、理念、反思与收获。不仅提升了课堂教学能力，还进一步清晰了园本教研的形式和内容。

这次"国培计划（2019）"送教下乡活动，实现了弯丽君中原名师工作室团队对薄弱幼儿园的指导，为边远乡校提供了教学示范和专业支持，帮助上蔡县打造一支由教研员和幼儿园一线骨干教师组成的县级幼儿教师培训团队。不仅提升了教师的执教能力，同时促进了基础教育的均衡发展。相信我们参加培训的老师收获的不仅仅是听到的三堂精彩的课，更是一次新课程理念的升华。

2019年12月3日

第七节　优质课观摩活动暨优秀成果推广

观摩活动展才情，同课异构练真功

在中原名师弯丽君的指导帮助下，工作室全体成员以课程改革为方向，以发展幼儿、促进教师专业成长为目标，五年来，工作室积极组织、参与市、县内外的观摩活动，做到以课为媒，加强研究，促进交流，提升水平。通过开展教师集体探讨、说课上课、工作室成员评课、课后集体反思、执教者教后反思等富有实效的研讨活动，让大家思维的触觉更加宽广与敏感，转变了教师的教学观念，提升了教师的专业素养，拓宽了教师的专业视野。

弯丽君名师工作室关于举行省级名师、骨干教师培养对象集中研修的通知

各地市（县）师训科（股）、省级名师、骨干教师培养对象学校：

根据《河南省教育厅关于深入推进中原名师培育工程的通知》文件精神，为充分发挥中原名师工作室的“示范、引领、辐射、带动”作用，充分发挥中原名师工作室对教师专业发展的指导、支持、提升和优化等功能，探索形成“名师带徒”式的培训模式，优化省、市级名师骨干教师的成长路径，助力全省教师队伍梯级攀升体系建设，中原名师弯丽君幼儿教育工作室在漯河市市直幼儿园举行安全教育观摩研修活动。

一、研修时间

1. 报到时间：2020年12月24日

2. 研修时间：2020年12月25日

二、报到地点

报到地点：漯河市金凤凰大酒店（漯河市泰山路与金江路交叉口西北角）

酒店电话：0395-××××××××

三、研修内容

幼儿园安全教育观摩研修活动

四、参加人员

中原名师弯丽君工作室成员及省级名师、骨干教师培育对象。

五、注意事项

1. 本次研修不收取任何费用。研修人员的交通、食宿费用由派出单位解决。

2. 所有参与活动人员，遵守防疫有关规定，所有参加的老师，请提前出示健康码和14天行程轨迹。

六、联系人

龚晓莹：13×××××××××　徐南：17×××××××××

中原名师弯丽君幼儿教育工作室

2020年12月22日

活动流程

时间：12月25日星期五			主讲人	主持人
上午	8：30—8：40	袁玉萍园长致欢迎词		龚晓莹
		市教育局副局长刘盘松讲话		

续 表

时间：12月25日星期五			主讲人	主持人
上午	8：40—9：50	第一节：中班安全教育活动《人多不拥挤》	路雪萍	龚晓莹
		第二节：大班安全教育活动《不和陌生人走》	孟　乐	龚晓莹
	9：50—10：10	讲评课	河南大学：岳亚平教授	龚晓莹
	10：10—10：40	《幼儿园日常安全隐患与管理策略》成果汇报	弯丽君	龚晓莹
	10：40—11：50	专题讲座：《幼儿安全与保护》	河南大学：岳亚平教授	龚晓莹

漯河市幼儿园安全教育观摩研修活动

漯河市幼儿园
漯河教育电视

幼儿园日常安全隐患与管理策
漯河教育电视

《幼儿园日常安全隐患与管理策略的实践研究》成果推广交流会
漯河教育电视

活动剪影

漯河市幼儿园安全教育观摩研修活动小结

根据《河南省教育厅关于深入推进中原名师培育工程的通知》文件精神，为充分发挥中原名师工作室对教师专业发展的指导、支持、提升和优化等功能，探索形成“名师带徒”式的培训模式，助力全省教师队伍梯级攀升体系建设，2020年12月25日上午，中原名师弯丽君幼儿教育工作室在市直幼儿园举办幼儿园安全教育观摩研修活动，市委教育工委委员、市教育局党组成员、副局长刘盘松，河南大学教育科学学院副院长岳亚平及全市各幼儿园园长、教师参加。

主持人龚晓莹主任向大家简单介绍了中原名师弯丽君幼儿教育工作室的情况：2015年12月河南省教育厅授予中原名师弯丽君幼儿教育工作室荣誉称号，并挂牌成立。目前工作室共有成员21名，分别来自市、县（区）一线的教师。依托名师工作室培育的外地、市的省级名师、骨干教师45人。五年多来，工作室秉持“走在前沿，行在路上”的理念，以专业引领、同伴互助、立足实践、专题探究、技能提升、共同成长为宗旨，充分发挥名师工作室的专业示范、引领、辐射、带动作用，积极开展优质课观摩、专题讲座、课题研究等活动，加速教师专业化发展，使名师工作室成员快速成长，脱颖而出。让名师工作室成为“研究的平台、成长的阶梯、辐射的中心、师生的益友”，真正成为名优教师的孵化基地。先后有13名成员获得省级名师，33名成员荣获省级骨干教师，有36位教师分别荣获省、市（区）级优秀教师，省、市级专业技术拔尖人才和省、市（区）级师德标兵等。带领成员完成省级重点课题、中原名师专项课题、省级课题等5项，其中荣获省级优秀成果一等奖三项、二等奖一项。弯丽君园长出版了《守护幼儿平安的防线：幼儿园日常安全隐患与管理策略》《为平安幸福的人生奠基：幼儿园安全教育园本课程研究》两部专著，带领团队完成的专著有《中原名师培育工程有效引领名师成长的实践与研究》《幼儿园幼儿安全习惯培养实操手册》两部，正在出版阶段，目前正在撰写的专著有《金色旅程——弯丽君名师工作室发展共同体典型案例分析》《幼儿园日常安全隐患与家长沟通的有效策略》两部。

由于成绩突出，2018年弯丽君名师工作室荣获漯河市职工技术创新成果特别奖。

市直幼儿园园长袁玉萍向大家表示热烈欢迎，并简要介绍了市直幼儿园和弯丽君名师室的基本情况。

市教育局刘盘松副局长在讲话中指出，举行幼儿园安全教育观摩研修活动，是更新幼儿安全教育理念、推动幼儿园安全教育课程化、优化课堂教学效果，提高幼儿安全教育质量的一次重大而有意义的活动。希望参加此次活动的各位园长、教师珍惜这次学习的机会，认真学习、深入探讨、坦诚交流，相互促进、共同提高，用爱心智慧撑起幼儿健康安全成长的蓝天，为我市幼教事业的跨越式高质量发展做出我们幼教人应有的贡献。

名师工作室展示两节安全教育活动。路雪萍老师执教了中班安全教育活动《人多不拥挤》。名师工作室成员孟乐老师执教了大班安全教育活动《不和陌生人走》。

河南大学岳亚平教授进行课后点评。岳亚平教授对两位执教老师的教学活动从教育教学素养、教态、教法和教学设计等方面给予了充分的肯定！她指出，设计的教学环节思路清晰，层层递进，教育方法灵活多样，教学形式采用集体、小组、个别的有效结合，达到师幼互动、幼幼互动，理念新，方法活，效果佳，展现了弯丽君名师工作室两位省级名师良好的专业素养！

中原名师弯丽君园长做成果汇报。弯园长为我们带来的《幼儿日常安全隐患与管理策略》成果汇报，她从问题的提出、解决问题的过程与方法、主要成果和应用效果与反思进行了分享与交流，为全市幼儿园教师从安全教育的理论和实践两方面进行了完善和提升！

河南大学岳亚平教授做安全讲座。岳亚平教授以英国儿童十大宣言为切入点，同时给我们介绍了美国、日本、新西兰等国家的幼儿安全教育是如何做的，开阔了我们的视野，也意味深长地要求我们立足本国的国情，努力做好幼儿的安全防护及教育。岳教授给我们作的《幼儿安全与保护》专题讲座，让参会的老师们受益匪浅！

市教育局宋燕华主任做活动总结。宋燕华主任说："做科研是一件十分辛苦的事情，弯丽君园长每天晚上都加班，但是几年下来，成果非常的显著！”宋主任希望弯丽君园长早日开展培训、推广经验，让我们每个幼儿园都受益！让每个孩子都受益！让每个家长都受益！

幼儿安全工作——源于我们日常形成的较强的安全意识和良好的安全行为习惯！源于我们细致入微、一丝不苟的工作作风！源于我们强烈的责任心和博大的胸怀！我们衷心地希望各位老师把今天学到的知识内化和沉淀到自己的工作中去，让更多的孩子受益！

中原名师弯丽君幼儿教育工作室
2020年12月25日

3

第三章

名师工作室回眸与感悟

【工作室简介】

中原名师弯丽君幼儿教育工作室创立于2015年7月28日。现有成员21名，是来自漯河市及各县、区的一线教师，有依托该工作室培育的外地市的省级名师、骨干教师43人。该工作室秉持“走在前沿，行在路上”的理念，以专业引领、同伴互助、立足实践、崇尚学术、专题探究、技能提升、共同成长为宗旨，在观察体验、学习思考、参与研究、实践总结的过程中，把先进的教育理念、独特的教学风格、精妙的教学技巧、灵活的教学方法，渗透和辐射到工作室全体成员的教学中，让名师工作室成为“研究的平台、成长的阶梯、辐射的中心、师生的益友”，真正成为名优教师的孵化基地。五年多来，该工作室充分发挥名师的专业示范、引领、辐射、带动作用，加速教师专业化发展，力争通过名师工作室平台开展的学术交流、教育教学研讨、实践研修等活动，在课程改革、专业引领、前瞻性课题研究等方面科学有效推进，使更多优秀教师脱颖而出。几年来，共发表研究文章20余篇，完成河南省、漯河市教育科研课题20多项，13名成员成为省级名师，33名成员成为省级骨干教师，2名成员成为漯河市专业技术拔尖人才和教育专家。2018年，该工作室荣获漯河市职工技术创新成果特别奖。

使更多优秀教师脱颖而出，取得了一定的成绩，开创了幼教新局面，使研修步入了快车道。

一、科学规划，明晰职责，多维度加强名师工作室建设

（一）做好科学规划，详尽细化工作目标

本工作室本着充分发挥名师的专业引领、带动、辐射示范作用，加速教师专业化发展，培养造就更多的优秀教师，提高教书育人水平的目的，制订了详尽的工作室六年发展规划。规划内容包括指导思想、工作目标、工作要求、工作策略、成长途径等。其中工作目标是使工作室真正成为教师“研

究的平台、成长的阶梯、辐射的中心、师生的益友”。工作要点包括：制定成员成长规划和自我发展规划；认真组织学习，提高理论素养；狠抓课堂教学，努力形成风格；积极从事科研，提高自身品位；实行导师培养和成员自主发展相结合的制度；利用名师工作室网站平台，建设教学资源库。

（二）明确成员职责，确保工作和谐高效

为加强对名师工作室的规范管理，更好地发挥名师工作室的示范、引领、带动和辐射作用，本工作室根据成员的特长分为宣传组、主持组、写作组、资料组等，明确每一位成员的职责。宣传组负责每次活动的安排、场地布置、会议记录、资料准备及通知拟定、发布等；写作组负责每次活动的通讯稿撰写、工作室计划与总结的撰写等；主持组负责每次活动主持人的确定，主持词的撰写、提前和专家联系与互动、课件的上传；资料组负责每次活动所有资料的收集与汇总等。每次活动，大家各自提前精心策划、筹备、组织落实，每次活动结束后，要求每位成员撰写感想小结，不断总结出新经验、新成果。

二、示范引领，自我提升，着力推进名师队伍建设

（一）勤于专业研读与写作，促进成员共同成长

苏霍姆林斯基说：“无限相信书籍的力量，是我的教育信仰的真谛之一。”朱熹说：“问渠哪得清如许，为有源头活水来。”基于对读书学习重要性的认识，主持人为工作室成员精心挑选优秀的教育书籍，如《静悄悄的革命》《人是如何学习的》《儿童发展理论与应用》等，推荐给大家学习。建立微信打卡群，让大家每天坚持认真研读，提升理论素养，坚持每月写一篇读书笔记、教学反思等，提升写作水平。她撰写的专著《守护幼儿平安的防线：幼儿园日常安全隐患与管理策略》《为平安幸福的人生奠基：幼儿园安全教育园本课程研究》于2018年9月相继出版。为了提升名师团队的写作能力，带领团队撰写专著《幼儿园幼儿安全习惯培养实操手册》《金色旅程——弯丽君名师工作室发展共同体典型案例分析》《中原名师培育工程有效引领名师成长的实践与研究》等专著。

（二）多举措实施规划，促进教师专业化发展

本工作室在业务上重视对教师队伍的培养，促进教师专业化成长。经常开展同课异构、示范课、优质课等活动，通过指导教师说课、上课、研讨等

不同形式的岗位练兵，使教师对课程改革的新理念能融会贯通，增强工作的研究意识、整体意识、创新意识，全面提高业务素质。

（三）以课题研究为切入点，促进团队成员快速成长

本工作室努力加强教师的科研培训，提高科研能力。采取搞好教科研和注重教育教学实际效果相结合的原则，多模式多内容进行课题研究，拓宽了教师的科研视野，创新了教学科研工作。2018年4月，主持的“幼儿园一日活动安全教育的游戏研究”获河南省基础教育教学成果一等奖。2018年8月，主持的“幼儿园美工区活动与材料投放适宜性研究”获河南省优秀成果一等奖。2018年10月，主持的“幼儿园安全教育园本课程研究”获河南省科研成果一等奖。2017年9月，主持的“提升幼儿园区域活动环境创设适宜性的实践研究”结题。2019年9月，主持的河南省教育厅中原名师专项课题“基于中原名师培育工程有效引领名师成长的实践研究”结题，

2020年该成果荣获河南省优秀成果一等奖。成果专著已进入出版阶段。2018年9月主持的河南省教育厅重点课题“幼儿园日常安全隐患与管理策略的实践研究”结题，2021年9月，成果荣获河南省优秀成果一等奖。成果专著已出版。

（四）依托网络平台，实现资源共享

为实现名师工作室的研究成果和丰富的教育资源共享，引领更多教师的专业成长，我们建立了工作室网站、微信公众号、CCtalk平台等，为全省教师在线交流和共享教育资源提供载体，成为一个动态的名师工作站和成果辐射源。

三、开展活动，打造平台，不断拓展名师工作室内外影响力

（一）开展系列研修活动，提升工作室创建的实效性

为了提高名师工作室各项工作的实效性，我们围绕教师专业知识、专业能力、专业态度等方面，扎实开展集中研修、学术研讨、课题研究等系列活动，打造理念前瞻、师德高尚、业务精良、善学乐教的名师团队，全面提升教师的整体素质。

（二）承担外部专题讲座，提升团队成员的综合能力

2015年至今，按照河南省教育厅和漯河市教育局的安排，积极承担各类培训，奔赴新疆等边远地区开展援疆帮扶，义务开展专题讲座。先后在哈密、郑州等地市，举办以“开展园本研修，促进教师发展”“幼儿园区域活

动环境创设”等为主题的学术报告。主持人还兼任河南师范大学、许昌学院等多地高校国培计划讲座教授，承担30多场专题讲座等培训任务，引领园长、教师专业化快速成长。

（三）利用名师工作室CCtalk平台，打造多渠道学习共同体

几年来，我们利用名师CCtalk平台，构建多渠道、多层面、立体化学习平台。工作室成员开展了30多次直播课堂活动，进行了20多次读书交流分享活动；承担了漯河市教育局安排的漯河市幼儿园教师的培训任务，10位教师承担了不同主题的专题讲座内容；邀请国内知名专家，如北京师范大学教授肖川、新网师学院执行院长郝晓东、河南大学教授王萍、《中国教师报》主编韩世文等，开展不同主题的系列专题讲座。一系列活动的开展，圆满完成了省教育厅、市教育局下达的培训任务，先后进入穹丽君名师工作室CCtalk平台听课的教师有6万多人。活动赢得教师们的一致好评，收到了良好而广泛的社会效果，得到河南省、漯河市有关领导的高度赞扬和肯定，深得一线教师、孩子家长及孩子喜爱，取得明显的效果。

多年来走过的道路，感觉到的是充实与快乐。名师工作室这个团队呈现着极强的凝聚力和生命力。工作室内形成了一股互帮互学、积极创新、共同前进的新气象。展望下一段的工作，我们充满信心。我们工作室一定会立足本职，开拓创新，乘势而上，步入发展快车道，充分发挥名师的引领带动作用，为漯河幼教事业更好更快地发展做出应有的贡献。

总结一 学习 成长 引领

漯河市市直幼儿园 张抗抗

2015年，我很荣幸地加入了弯丽君名师工作室，倍感骄傲与自豪。在这里，弯丽君园长用智慧与博学启迪着我，伙伴们用热情与执着激励着我，让我开阔了视野，更新了观念，提升了能力，同时也享受着这个团队给我带来的收获与快乐。

一、在孜孜不倦的学习中提升自我

打铁先让自身硬，要想引领全园教师的专业成长，自己必须要有过硬的专业理论知识做支撑。随着时代的发展，教育观念也在不断地更新。俗话说，要想给别人一杯水，自己仅仅有一桶水是不够的，要让自己成为长流水，才能不断地给教师传递新的教育理念与知识，因此，在教育战线上，我始终是一名学习者与探索者。进入到工作室学习，这里可以让我从“老师”重新回到“学生”的身份，体会学习的快乐。我对自己提出：知识要向更宽领域拓展，业务要向更深处延伸。于是，常在工作之余，学习《3—6岁儿童学习与发展指南》《向瑞吉欧学什么：〈儿童的一百种语言〉解读》《童年的秘密》等专业书籍，认真做好读书笔记，每当阅读到精彩之处，对照自己的工作，寻找差距，努力探索新的教育观念与教育模式，在正确的儿童观、教育观指导下，以适应时代发展的教育思想统领教学。同时，通过聆听多位专家的精彩讲座和CCtalk平台的学习，让我既有观念上的洗礼，也有理论上的提升，既有知识上的积淀，也有教学技艺的增长，受益匪浅。

二、在脚踏实地的探索实践中成就自我

在实践中反思，在反思中成长。在工作中我认真进行教育科学研究，把

理论有机地转化成为创新实践，以《纲要》和《指南》精神为指导，根据幼儿身心发展的特点和规律，因地制宜地创设适合儿童发展的、积极的、支持的环境，促进幼儿身心和谐发展。在自己不断的探索与实践中，执教的观摩课《城里也有狼外婆》《学习自然测量》获省一、二等奖，《雷神》《快乐圆圈舞》等获市一等奖，参与实践研究的课题“幼儿园数学区材料投放适宜性研究”获省成果评比一等奖。主持研讨的课题“大班幼儿社会交往能力的指导策略实践研究”获市二等奖。撰写的多篇论文获市一等奖，其中《大班幼儿角色游戏中交往能力的培养》《幼儿恋物行为的指导策略》《大班幼儿劳动教育实施路径》公开发表在CN期刊上。在乐此不疲的实践与探索中，我先后获得河南省名师、市幼儿教育先进工作者、市优秀教师、市级骨干教师、市幼儿园教育专家、市教育教学教研先进个人、市优秀共产党员等荣誉称号。

三、用精湛的专业知识引领教师成长

保教工作是幼儿园工作的生命线，优质的保教质量是幼儿园发展的前提。立足实效创新园本教研，提高教师的教育教学能力，做高品质示范园，是作为园级领导的出发点和立足点。

（一）深入一线听课评课，提升教师的执教能力

听课、评课是教师专业发展最重要、最有效的途径。在进班听课的过程中，我首先观察教师，因为教师在教学活动中的教育行为、教学方法是否科学有效直接影响活动的效果。因此，我积极关注教师在活动中的地位和角色，认真思考教师的教学策略和教学行为，分析教师教育行为背后的教育理念是否科学正确。并把自己的思考与认识与教师进行交流沟通，提出合理化的建议。一节好的教育活动，教师的有效提问至关重要。它是幼儿学习的开端，也是良好师幼互动的桥梁。指导教师在教学中应为不同层次的幼儿设计不同的问题。关注教师的提问是否具有开放性和挑战性，是否能引起幼儿的思考，是否能拓展幼儿的经验等等。其次观察幼儿，积极关注幼儿在教学活动中的学习兴趣和学习策略。这就要求教师是否为孩子创设自主学习的环境，是否给孩子提供自主探索的空间和材料，是否给幼儿创造了与同伴相互学习、探讨、交流、分享的机会，是否给予幼儿反思性学习、选择性学习的机会等等。这些因素对幼儿的发展起着积极的推动作用。

（二）开展形式多样的教研活动，促进教师专业成长

教研活动是教师提高业务水平的重要阵地，也是改变教育观念，全面提高教师素质的重要途径。为此，在制订计划时坚持以研促教，重在解决实际问题。通过理论学习、《指南》答辩、微型课、头脑风暴等多种形式的教研活动，帮助教师奠定坚实的幼教理论基础及学科知识。“没有反思就没有进步，没有反思何以谈成长”是我们每位教师的共识，因为教育反思既是教育事件理性的体现，又是自我超越的起点。要求每位教师在平时的理论学习、实践研究中要善于总结，勇于提出问题，并将自己的经验以论文的形式呈现出来，在教研活动时进行交流与分享。通过形式多样的教研活动，我园教师的专业水平上了一个新的台阶，观察、分析、评价幼儿发展的能力，创设主题教育环境的实际操作能力，对集体教学价值的判断能力，灵活实施教学的执教能力，与家长沟通、协作、合作的能力，挖掘整合多种教育资源的能力，开展教育专题和课题的研究能力，与同伴互助、共同研究的对话能力等等都得以提升。本人辅导的多位教师参加省、市幼儿园优质课观摩评比、说课比赛、基本功大赛以及游戏活动比赛中获得一等奖。为我园打造了一支好学上进、专业精湛的学习研究型教师队伍。

春风中踏出坚实的脚步，夏日里洒下辛勤的汗水，秋季里收获丰硕的成果，冬雪上描绘美好的蓝图。我有信心在今后的工作学习中，深入思考，扎实工作，锐意创新，争取更大的进步。

总结二　牵手名师　幸福前行

漯河市市直幼儿园　郑　娟

不知不觉在教育人生之路上，跌跌撞撞走过了20多个春秋，越发感觉到职业倦怠浓浓地包裹着自己，曾经踌躇满志般的激情已经消退，曾经的豪情万丈如今已身心疲惫，总有一种江郎才尽的感觉……我经常问自己：我到底缺少了教师成长的哪种“微量元素”？自己在未来的岁月里最想得到什么？未来的人生旅途该怎么走？

正在我彷徨和焦虑的时候，一个千载难逢的好机会来了，“弯丽君中原名师工作室”成立了，我有幸成为“弯丽君中原名师工作室”的一名新兵。从此，它成为我职业生涯的转折点，也是我人生新的起点，对我来说是一次难得的成长机会。在这个平台上可以和全国的幼教大咖们思维碰撞、交流分享经验，在这里可以为漯河市幼教事业发声和做点贡献。

回顾在名师工作室的这几年，让我感受最深的是名师底蕴深厚、热心教育的魅力，感受到工作室小伙伴们的孜孜以求、勤于实践、勇于探究的精神，在这里不仅提高了专业素养，同时也收获了快乐和友谊。

六年来弯丽君工作室以教师师德水平和业务能力的提升为核心，以教学为基础，以教研为导向，以培训为主线，以课题研究为重要形式，紧紧围绕教师的师德水平、课堂教学能力、教学评价能力、教育科研能力为中心，通过集中研修、网络教研、专家讲座、跟岗研修、研课磨课、总结提升等环节，进行多层次、多维度深度培训。对于我这样一个典型“职业贫血”者来说终于有了医治“职业贫血”的良丹妙药，我如饥似渴地学习、观摩，全身心地投入到各项活动当中，补充着生命成长的各种“微量元素”，努力使自己的业务素养有更大的提高，努力朝着专家型的道路前进。

一、名师引领 收获丰盈

研修中各位教育大咖带来的一场场视听盛宴让我茅塞顿开，激动不已！很多艰涩枯燥的理论通过他们风趣幽默的语言、生动形象的比喻，变得简单明了、通俗易懂，给我带来了很多新思路、新认知。

2020年的春天悄然到来，全国爆发了新冠疫情。工作室利用CCtalk平台开启了线上“云相聚云教研”系列教研活动。特殊时期，改变的是教研形式，不变的是对学习的追求和共同教研的热情。

在这个平台上我聆听了刘振民、弯丽君、褚清源等教授的讲座，它像一场及时雨，使我如获珍宝，不仅开阔了眼界，而且增强了理论底蕴，提升了专业素养。

大师风范令我仰慕，专家的讲座，对我是思想的一次撞击；名师的指点，对我是精神的一次洗礼。我似乎一下子找到了自己身上的许多差距，我默默下决心，从现在开始，做一名永不停止学习的人，提升自己的职业情操和专业素养将是我以后不断努力和追求的方向。

二、学习名师 反思自己

俗话说：“读一本好书就像是跟一位高人对话，读什么决定了想什么，读有多深决定了想有多深。”专家的讲座让我感知了一个全新的阅读教学理念，专家的理论高度让我陷入深深的思考：教育的本源是什么？教育为什么发生？带着这些问题，我翻开了教育名著《陈鹤琴教学法》《正面管教》《爱弥儿》《爱的教育》……

这些教育名著，需要精读、研读，我有意识地带着问题边阅读边思考，慢慢地我从书中找到了答案。陈鹤琴的“大自然、大社会”就是活教材、卢梭的“遵循自然、顺应天性”这些观点与现代的教育理论有很多不谋而合之处，这也让我陷入了深深的沉思……

正如苏霍姆林斯基所说：“你读过的每一本书，都应当好比是你的教育车间里增添了一件新的精致的工具。”我把所读经典作为反观自身的明镜，端正教育教学行为，反思自己的教学理念，反思教学的实际成效，探求成功的教学模式，不断修正了自己的教育观、儿童观。

三、静心修炼 厚积薄发

“一位优秀的教师要有卓越的科研力，要想脱离匠气，最好的办法就是教学之余开展教育研究。”为了学会做课题，我牺牲很多休息时间聆听关于课题研究的讲座，翻看大量书籍，原来一个好课题不是大而全，不是只有高深的理论和数万字的课题报告，而是小而细、切合实际的。课题要来源于一线课堂，服务一线课堂，这些理念给我做课题很大的帮助，增强了我做课题研究的信心。

通过不断的学习，丰富了自己的知识结构，增强理论底蕴，使自己逐步成为研究型、开拓型的教师，取得累累硕果：

2015年我在弯丽君园长的带领下作为主要完成人参与省级课题“幼儿园美工区活动与材料投放适宜性研究”获河南省教育科学研究优秀成果一等奖；

2017年主持的省级科研课题“幼儿园区域活动中幼儿规则意识与自我管理能力养成的实践研究”顺利结题，获漯河市教育教学研究优秀成果一等奖；

撰写《浅谈区域活动中幼儿规则意识培养的重要性》《区域材料在幼儿园实践中的使用效益分析》等多篇论文发表CN刊物。

作为一名省级名师，在实现个人专业发展的同时，充分发挥自己的引领、辐射作用。多年来辅导路雪萍、王丽亚、李青、宗焕琴等多名青年教师参与省优质课评比获得一、二等奖。通过对帮扶园开展专题培训、现场观摩、亲临指导等多种形式实现资源共享、优势互补，促进所帮扶的县、镇幼儿园教师专业水平整体提高。

工作室不仅为我提供了提高自身素质的空间，也成为我们互相学习，互相促进的大家园。在这个大家庭里，我找到了自己前进的方向，体会到了互助共进的热情，领略了名师的风采。“扬帆起航，路就在前方！”我将用我的实际行动尽职尽责地做好工作，为漯河的幼教事业做出自己应有的贡献。

一个人走得快，一群人走得远，相信在弯丽君园长的带领下，“弯丽君名师工作室”的全体成员在教师专业成长的道路上会越走越通畅！

总结三　在领雁河南幼儿教育事业的行列中升华自身的价值

漯河市市直幼儿园　马 林

河南地处祖国中部，是中华民族的摇篮和重要的文化发祥地之一，厚重文化长期承载滋养着河南教育事业的蓬勃发展。特别是近年来，河南愈加重视教育事业的发展，持续创新推进全省教育现代化并取得重要进展，教育总体实力显著增强。中原名师培育和中原名师流动工作站建设就是省教育厅全面深化新时代教师队伍建设改革，聚焦教师立德树人根本任务，构建灵活教师教育体系，促进我省由教师大省向教师强省跨越的新举措。2015年，我很荣幸受邀加入弯丽君名师工作室，成为领雁河南幼儿教育的团队成员，笃行致远，砥砺前行，为推动全省幼儿教师专业发展、巩固提高基础教育水平而努力奋斗。

一、捧着一颗心来，不带半根草去

我的父亲就是一名教师，小时的我，经常看到过他从傍晚到拂晓，依案认真备课、批改学生作业的身影；“三尺讲台一亩田，唯愿栽下满园桃李，留得万世芬芳”，就是他和他那一代师者一生真实的写照。中招时，我报考了河南省郑州幼儿师范学校，选择了祖国的教育事业。“为学为师 至真至美”郑州幼儿师范学校的校训我铭记至今。在郑州幼师的学习，令我终生难忘、受益终身。正是在这里，我真正地领悟到“教育是阳光下最美的职业，教育者是阳光下最美的人”。28年的教育实践中，这始终是我的座右铭，是激励我与同事们一起拼搏的号角，是履行好新时代祖国幼教事业职责使命的不竭源泉。“师道”光芒闪耀至今，薪火相传，正是源自一代代教育工作者的执着坚守和无私奉献。6年来，在“领头雁”弯丽君名师的带领下，我积极参与工作室的领雁行列，始终谨记为党育人的初心，坚定为国育才的立场，充分发挥示范引领、辐射带动作用，不断为办好人民满意的幼儿教育做出新的贡献。

二、在担当中历练，在奋斗中成长

高层次的平台开拓了我的视野，同行者的坚守鼓舞了我干事创业的激情。6年来，弯丽君名师工作室在CCtalk实时互动教育平台举办网上专题讲座50余场、教师集中研修活动10余场次，送教下乡5次，培训培育幼儿教师7000余人次，有力促进了全省幼儿教师队伍专业水平的提升。先后邀请国内知名专家开展专题讲座，并进行视频现场指导，许昌市刘忠伟老师《明师的五项修炼》，山东省高级教师马增信《做一个幸福的新教育人》，江苏省特级教师刘祥《用文字码出生命的高度》，闫学老师《让我们写一本书》，著名学者张文质老师《作为教师通用能力的读与写》，河南教育时报社编委代修鹏主任《读写之美》……让广大幼儿教师关注到国际、国内教育改革和发展前沿，如饥似渴地汲取到更加丰富、新颖、广博的理论知识，拓宽了教育视野；定期组织开展集中研修活动，选定课题，有主讲，有分享，有交流，各地市的幼儿教师汇聚一群，在沟通中拓展教学思维，在辩论中碰撞教育火花，共同提升、共同进步、共同激励。2019年，我受河南师范大学教育学部委托送教下乡，在上蔡县县直幼儿园实地开展教育教学实践观摩、交流与研讨，为期两天培训老师100余名，受到广泛好评。提升课题组重点项目科研攻坚能力，我参与完成河南省重点课题“幼儿园日常安全隐患与管理策略的实践研究”荣获省级成果优秀奖，并获漯河市社会科学优秀成果奖；参与省级课题“幼儿园数学区活动与材料投放适宜性研究”荣获省级成果一等级；主持开展市级课题“幼儿美术活动中创新思维能力培养的实践研究”顺利结项，并获全市基础教育教学研究课题成果二等奖。

工作室的历练提升了我的基础教育学术研究水平。近年来，撰写发表多篇幼教论文并获奖。《浅谈教师在幼儿美术活动中的有效策略》在《中国教工》刊登，并在全国优秀科研成果评选活动中被中国教育学会评为国家级一等奖；《用心做教育，幸福做教师》荣获全国幼儿园优秀论文和优秀案例征文比赛三等奖；《孜孜不倦育人才 身体力行树师德》在河南省师德征文比赛中获省二等奖；《幼儿园安全教育中的有效策略》《美术活动中发展幼儿观察力的有效策略》等被《中国教工》《教育》《教学与研究》等杂志刊登，并被编辑部评选为优秀论文一等奖。

三、为未来培育人，让明天更美好

教育是面向未来培育人的事业，只有关注儿童的健康成长，珍爱儿童，才会让我们的明天更美丽，让世界的明天更美好。幼儿教育需要一批志同道合的教师团结一致，勇当“领雁者”，才能更好地担当起时代赋予的使命。融进团队才能更好地发展自己，更好地走向未来。雁行以来，虽然有些辛苦和忙碌，但更多的是欣喜的成长体会，快乐的收获感受。感谢弯丽群名师工作室给予我的锻炼平台，感谢名师工作室团队成员的帮助、支持和激励，在团队合作中，自身的思考体会与实践经验在交流与碰撞中更加清晰，更好地促进了专业成长。在弯丽君名师的坚强带领下，我们名师工作室全体成员，秉持“汗水浇灌收获，实干笃定前行”的坚定决心，以教育强省、强师兴国的坚定信念，只争朝夕、不负韶华，争做最美“领雁者”，奋力谱写河南省幼儿教育事业的时代华章！

总结四　神圣的职业　不变的选择

漯河市市直幼儿园　龚晓莹

1995年，毕业于漯河师范的我如愿以偿地走进漯河市市直幼儿园这个充满梦想的世界，踏入工作岗位，我才发现幼儿园的工作完全不是我想象中的那样美好，孩子刚入园的哭声、拉得脏兮兮的裤子、烦琐的工作常常压得我直不起腰来，回到家我瘫在沙发上，跟父母说得最多的一句话就是，我好累……为了快速适应幼儿园工作，我克服各种困难，虚心向优秀的大姐姐们请教，改善自己的知识结构，订阅各种幼教刊物，积累丰富教学经验，提高自己的教育水平，工作初期我分别承担过大、中、小班教育教学工作，勇敢挑战班主任岗位，根据不同年龄段幼儿的学习发展规律和特点，创新设计教案，认真组织教学活动。工作后的第三年我通过层层考试，获得河南省普通话水平测试员证书，所带班级逐渐受到家长和园领导的好评，我个人也被评为市级优秀教师。

2005年我幸运地考入中国传媒大学研究生班，上帝打开了我的另一扇门，令我欣喜的是中央电视台张绍刚、欧阳夏丹等优秀主持人居然都是我的老师，在那里我的语言学知识得到了飞跃式成长，2007年，我顺利走进中央电视台少儿频道，成为一名编导，主要负责少儿节目的录制和前期的准备，中央电视台的节奏很紧张，我们节目组人员常常工作到深夜。人生没有白走的路，我深深感恩漯河市市直幼儿园对我多年的培养，让我积累了丰富的幼儿教育知识，懂得了怎样与孩子们相处，这些沉淀使我在央视的工作开展起来游刃有余。

2008年，由于家庭和孩子的原因，我又回到了市直幼儿园，我很快投入保教处管理工作，认真完成教师推门课、教研实验课、观摩课的听评活动。根据幼儿的身心发展规律，有效地进行幼儿常规习惯和品质教育，面向全园教师公开做示范课，语言教育活动《聪明的小鸡》《小老鼠上灯台》等多次获得好评，其间我多次获得幼儿园科学管理奖。在教科研方面，我更加用心积累教学经验，学习幼教理论基础及学科知识，常以科学的儿童观和教育观为指导，用现代教育技术和前沿的幼教理念引领教师队伍专业成长。通过“上示范课、观摩活动、随堂听课、参与班级活动”等教研形式对教师组织的活动进行具体直接的指导，有效地提高教师的教育教学能力，使教师们在实践中学习，在反思中提高。近年来，我结对辅导青年教师孙丽亚执教的《两只小鸟》、宋筱妍老师执教的《超级擂台赛》参加市优质课比赛均获得一等奖，辅导师豫老师执教的《银行职员》参加市优质课比赛获得二等奖，同时指导王小博、张萌、孙晨晨等多名青年教师参加省市说课、基本功、游戏课、玩教具大赛多次获得省市一等奖。辅导幼儿参加漯河市中华经典诵读大赛、绘画大赛等分别获得市级特等奖、金奖，并多次被评为优秀辅导教师。同时我考取了中国家庭教育指导师、国家三级心理咨询师。

除做好本职工作外，我大胆投入幼儿园课程改革，在2009年度我被中央教科所聘为礼仪讲师团兼职讲师，开启了近十年的全国礼仪巡讲，受到了广泛好评。撰写论文《加强素质教育、提升办园水平》获得省级论文三等奖，《不受欢迎的客人》均获得市级论文一等奖。

2015年，中原名师弯丽君幼儿教育工作室正式成立，我有幸成为其中的一员，工作室充分发挥“示范、引领、辐射、带动”作用，从提高教学能力、研究能力和专业技能几个层面入手，促进每一位成员提高，帮助幼儿教师更新教育教学理念，解决教师在五大领域教学工作中遇到的困惑及问题，促进教师专业水平的提高。我有幸被聘为“国培计划”河南省幼儿教师送教下乡培训项目研课指导老师，对周边以及面向全省幼儿园教师进行幼儿园新课程和幼儿园班级管理培训，得到教师们的欢迎和良好赞誉。

牢记初心，不忘成长，作为弯丽君工作室成员，我积极投入到省级、市级课题研究当中。我参与的省级课题“幼儿园美工区活动与材料投放适宜性研究”“提升幼儿园区域活动环境创设适宜性的实践研究”“基于中原名师培育工程有效引领名师成长的实践研究”“幼儿园日常安全隐患与管理策略的实践研究”均顺利结题。参与省级课题“幼儿园美工区活动与材料投放适宜性研究”获得省教育科研优秀成果一等奖。参与中原名师重点课题“基于中原名师培育工程有效引领名师成长的实践研究”获河南省教育厅优秀成果二等奖。

一分耕耘，一分收获，2009年在实施河南省中小学名师培育工程中我被评为市级骨干教师。2010年在实施河南省幼儿园骨干教师培训计划中被评为省级骨干教师。2015年被市教育局评为2014年度全市教育宣传工作先进个人。连续三次被市教育局评为优秀教师。2015年被市教育局评为师德先进个人，2019年被河南省教育厅评为河南省幼儿园名师。2020年被漯河市教育局评为中小学德育先进个人，2020年被漯河市教育局评为教育教研先进个人。

“扬帆起航，路在前方！”在教学改革的今天，社会对教师素质的要求更高，我始终牢记自己肩上的责任，时刻审视自己走过的路并且进行理性的思索，在不断的探索与总结经验过程中实现自己的成长和进步，我将把名师工作室总结到的丰富教学经验、继续融入我的工作，更加严格要求自己，发扬优点，弥补不足，开拓进取，不负韶华。展望幼儿教育的美好明天，我愿与大家携手共进，砥砺前行！

总结五　坚守是一种幸福

漯河市市直幼儿园　徐 南

花儿是幸福的，它把绚丽的色彩献给了大地；鸟儿是幸福的，它把悦耳动听的歌声献给了森林；我也是幸福的，因为我把爱献给了天真活泼的孩子。

徐南，女，1981年5月出生，中共党员，本科学历，河南省骨干教师，河南省名师，弯丽君名师工作室首届成员。1998年7月毕业于郑州幼儿师范，成为市直幼儿园的一名教师。

三岁的我就是市直幼儿园的一分子。因为妈妈是一名教师，在我的童年时期，就对教师这个职业有着无比的崇敬，向往着长大以后能够成为一名光荣的人民教师。

喜欢幼儿教师，一直喜欢，所以我义无反顾地选择了郑州幼儿师范。我感觉幼儿教师是天下最美的人。温柔，耐心，单纯，能歌善舞，多才多艺。

喜欢市直幼儿园，一直喜欢，所以实习时我义无反顾地选择了市直幼儿园。工作前的实习，让我在充实中获得了许多书本上没有的知识，积累了一些实践经验，这为我以后的工作打下了坚实的基础，成为我的第一笔宝贵财富。

喜欢市直幼儿园，一直喜欢，所以毕业后的我又一如反顾地选择了市直幼儿园，如愿以偿地从事了幼师这个行业。因为爱所以才会选择，既然选择就要更加地去爱，坚守也是一种幸福！

2015年是名师工作室的开局之年，我很荣幸成为弯丽君名师工作室首届成员。弯丽君工作室是一个由名师引领、成员团结协作、相互促进的教育共同体。弯丽君名师工作室，可以帮助我们一线教师面向阳光，拔节生长，每个个体都可以以独特的姿态，成为一棵棵参天大树。

回首五年多来走过的道路，我深感充实与快乐。想要真正提升自身的教育教学水平，就必须从教育教学的常规细节入手，只有不断改进、创新、反思、实践，才能取得成功。

在日常的教育教学工作中，我认真分析教材，反复揣摩教材的重难点及如何突破，潜心钻研教学方法，站在幼儿的角度思考问题，尽可能把在名师工作室中学到的知识融入自己的教学实践，认真准备好每一节教学活动。我努力使自己从一名“实践型”教师转变为一名“反思创新型”教师。积极开发和利用有效资源，开展教育教学的实践研究，形成家园合一，共同促进幼儿健康快乐成长。

加入名师工作室五年多来，一直被弯园长对工作的热情、执着和坚持感染着。所以，即使我膝盖腿部受伤，不能打弯，医生建议卧床休息，我还是一瘸一拐地坚持上班，没有落下一节课，因为我爱我的孩子们；即使家人一次次被送上120，在照顾家人的同时，我也兼顾着我的班级，没有请过一天假，因为我爱我的孩子们；为了工作平时加班加点已成常态，忘记了吃饭、忘记了喝水，经常半夜还在讨论某个教具应该怎样做，版面可以如何改进，因为我爱我的孩子们；为了我的孩子们，常常顾不上我年幼的孩子，孩子挂在嘴边的一句话就是：“妈妈，我要是你班的孩子就好了！”为了工作，我把心酸化为动力，更加努力去工作，因为我爱我的孩子们。即使自己一身伤痛，沉重的家庭负担已压弯了我的腰，却阻止不了我为幼儿园不停奔波的脚步。五年多来，我始终工作在教学第一线，默默耕耘中也渐渐有了一些收获。

2015年8月主持辅导的学生社团《体育运动社》，在漯河市开展的综合实践活动成果评选活动中，荣获一等奖。

2015年10月制作课件大班科学活动《我是小侦探》被评为河南省中小学教师优秀教育教学研究三等奖。

2016年3月被表彰为2015年度基础教育工作先进个人。

2016年8月制作课件《神奇的汉字》被评为市一等奖。

2016年9月被评为2016年度漯河市优秀教师。

2017年3月荣获漯河市“五星级志愿者”荣誉称号。

2017年4月在2016年学校体育卫生艺术和国防教育工作中成绩显著，被评为先进个人。

2017年7月参与省课题“幼儿园美工区活动与材料投放适宜性研究”已结项。

2017年9月参与省课题“提升幼儿园区域活动环境创设适宜性的实践研究”已结项。

2018年6月省级教学成果《幼儿园一日活动安全教育的游戏研究》获省一等奖。

2018年10月被评为2018年度漯河市师德先进个人。

2018年12月被评为漯河市“李芳式好老师”、河南省“李芳式好老师”。

2018年12月课题《大班幼儿社会交往能力的指导策略实践研究》被评为漯河市基础教育研究项目优秀成果二等奖。

2019年5月审核被确定为“河南省中小学幼儿园名师”。

2019年7月被市文明办、市总工会、市教育局评为2017年至2019年度师德标兵。

2020年8月论文《竞技游戏中安全习惯的培养》获市二等奖。

回顾加入名师工作室五年来的工作，收获是巨大的，也让我感觉自己离“专业化的研究型教师”的梦想又近了一步。在这个大家庭里，我领略到了名师的风采，制定了合理的发展目标，找到了前进的方向。这五年多的点点滴滴，成为我追求梦想道路上的坚强后盾和不懈动力，将指引和鞭策我不断前进。

坚守是一种幸福！以一首小诗，献给引领我们专业成长的幸福坚守者：

致弯丽君园长

是太阳照耀着大地，给我们力量；
是月亮柔化了夜光，给我们安详；
是星星点缀了夜空，给漫长的黑夜带来了希望；
你就是那太阳、星星和月亮，温暖着我们的心灵。
正如夜行的航船，看到了灯塔上的璀璨，引领着我们前进的航向。

总结六　一个过程　一段成长

漯河市市直幼儿园　路雪萍

时间在繁忙和有序的生活中悄然而过，我进入“弯丽君名师工作室”已经有六年多了。在弯丽君名师工作室这六年的学习中，我感受到这个集体给我带来的欢乐与收获，也让我在这个团队中成长。也许这六年多我并没有值得夸耀的荣誉，值得炫耀的成绩，但工作室领衔人及同行们好学上进、乐于创新、勇于开拓的精神给予我很大的动力。

一、理论积淀，提升素养

弯丽君名师工作室的每位成员都非常优秀，她们有的是河南名师、省级骨干教师、幼儿园的骨干教师，大多是教研组长、班主任，而自己一直以来都工作在一线，跟她们真的还有一段距离。于是为了丰厚自己的知识底蕴，我阅读了大量与教育教学相关的书籍，像苏霍姆林斯基的《给教师的一百条建议》；蒙台梭利的《有吸收力的心灵》；朱家雄的《“瑞吉欧与中国幼儿教育改革”丛书》；刘晶波的《师幼互动行为研究——我在幼儿园里看到了什么》等，其中虽然也遇到了一些困难和埋怨，但也收获着一份读书的充实。

中原名师弯丽君名师工作室还为我们搭建了CCtalk直播平台，开启线上主题培训系列活动，特别是在疫情期间，为做好“延期不延训”“延期不延学”新冠肺炎疫情防控时期的培训工作，漯河市教育局依托弯丽君名师工作室组织开展以“疫”战底、“幼”创佳绩为主题的线上教师教研培训活动。在弯丽君园长以课题“疫情防控时期幼儿安全教育的管理策略”的讲座，拉开了此次线上教师教研培训活动的序幕。我在此次活动中踊跃报名参加，为这次培训奉献一次讲座，希望自己能出一份力。我的这一次的直播讲座时长大概是一个半小时，这是我第一次做直播讲座，我非常紧张，但我欣然接受、坦然面对，想消除紧张，就只有锁定目标，心无旁骛，多实践、多改进，我应该可以的。我选择的题目是《幼儿园歌唱教学活动的有效策略》，是我比较擅长和拿手的课题，我精心准备讲座材料、PPT以及心理准备，自己讲了一遍又一遍，改了又改，改了再讲，相信自己，一定会交上一份满意的答卷！

讲座中我从歌唱教学的意义和教育价值讲起，带领大家再次巩固了什么是歌唱？歌唱的教育价值，歌唱的教学准备等方面让大家了解一下歌唱对幼儿的重要性，使大家明确了歌唱教学的方向。在歌唱活动策略中讲到了如何运用动作策略，图谱策略，如何配好钢琴伴奏，教师如何范唱等等。我在讲座中示范演唱了大班歌曲《祖国祖国我爱你》，小班歌曲《走路》等多首幼儿经典曲目，给老师们做了示范，迎来了大家热烈的掌声。这样的范唱给孩子们一个生动的、具体的、形象的引导。相信孩子们在愉快的歌唱活动中，一定会爱上歌唱。

疫情期间还在名师工作室上的网课绘本故事课《妈妈去医院了》。这个故事不仅仅适合有家人生病的家庭，也适合医护人员的孩子们，让他们的孩子知道，这个时候，我们每个人都需要为家庭付出，共同努力渡过难关。这个困难就像一场暴雨，是会过去的，我们在等待天晴的时候，互相加油打气，并尽力做力所能及的事情。希望这个绘本故事给孩子们带来勇气，也给父母与孩子们沟通架起一座桥梁。疫情期间病毒很可怕，但失去生的信心更可怕。

二、名师引领，积极向上

作为一线教师，自我提高的途径不仅仅是读书和网络学习，更需要得到专家的指导和引领。从中原名师弯丽君身上我看到了什么是“孜孜以求”。弯园长用自己的亲身经历启发我们做人做事的道理，我们深受感动。她耐心地给工作室的成员、学员灌输一些最先进的教学思想和理念。名师工作室的成员学员，虽然工作繁忙，但是工作室的活动大家都积极参加。工作室学员各有特色，每一次的活动，我们都是互相问候、交流谈心、畅所欲言。通过互动听课、研讨和交流，相互启发，相互促进，共同进步。

三、立足实践，完善自我

加入了弯丽君名师工作室后，我积极参加弯丽君名师工作室组织的各项教学研究活动，在弯丽君名师工作室的研讨活动中，所上的展示课大班健康《赶走不开心》得到大家的认可；我承担对全市园长和老师们的公开课，执教的安全活动《人多不拥挤》受到专家、园长和老师们的一致好评；参与省级课题“幼儿园美工区活动与材料投放的适宜性研究”“幼儿园一日活动安全教育的游戏研究”荣获河南省教育科学研究优秀成果一等奖；参与省级课题“提升幼儿园区域活动环境创设适宜性的实践研究”顺利结题。参与的市级课题“中班幼儿建构游戏的支持性策略实践研究”获漯河市基础教育教学研究项目优秀成果一等奖。2020年申报的课题“基于整合周边资源的幼儿园生态启蒙教育实践研究”立项成功。参与案例“基于“青年教师专业发展共同体构建”的园本研修案例”获市级一等奖。在2020年漯河市教育系统教学技能竞赛中，所授的优质课获得安全与健康学科一等奖，授予“漯河市教学标兵”称号。论文《幼儿园主题墙创设的几点思考》在“全国实践创新论坛”大赛作品中获一等奖。在平时的工作中，我能够积极指导青年教师、关心青年教师，积极发挥传、帮、带作用，六年来，我所帮带的教师教育教学水平都有不同程度的提高。

四、反思回顾，促进成长

进入弯丽君名师工作室以来，虽然取得一些进步，但是还存在很多不足。特别是在撰写和发表日志方面，离工作室的要求还有一定的距离，今后我要将提高撰写能力放在首要位置，不但及时发表日志还要争取多在教育刊物上发表。总之，我将会在今后的工作中，继续发扬自己的优势，努力改正自己的不足，以更高的标准来严格要求自己，力争使自己在教学、科研上，都取得更大的进步，成为弯丽君名师工作室的一名优秀学员。

总结七　乘风破浪，扬帆起航

漯河市市直幼儿园　刘娟

风好正是扬帆时，2015年，漯河市唯一的“幼教省级名师工作室”——弯丽君中原名师工作室成立了！这一年，我加入了弯丽君中原名师工作室，能荣幸地成为名师工作室的一员，这是信任，也是期许，更是沉甸甸的使命。在这里有教育名家的引领和打造，有团结协作、积极向上的名师团队的督促和关怀，有工作室小伙伴的支持与信任……

六年来，在工作室的研修历程中，我站在巨人的肩膀上，在实践、研讨、创新中，用更科学更有效的方法，与大家一起共同学习、共同成长，教育科研之路越走越宽阔！我们怀着追求卓越之心，迈着踏实、沉稳的步伐，在弯丽君中原名师工作室的引领下，一起共赴这场充满希冀的成长之旅！在旅程中，每个人不断反思自我、发现自我、超越自我、成就自我，努力谱写自己更加华彩的成长乐章。

一、成长路上，感恩有你

加入工作室以后，在弯园长的引领下，我的专业发展和人生道路好像进入了快车道，我的幼教生涯有了新的前进目标和方向，教育教学以及理论素养都有了质的飞跃。

在生活中，弯丽君园长既像是我的导师，又像是我的大姐姐，还像是我的朋友，为我指明方向，照亮人生道路；在专业上，弯园长治学严谨，教学理念先进，她就像茫茫大海中的一座灯塔，照亮着工作室的每一位成员，我在工作室的点滴成长都离不开弯园长的用心培养。

我相信，人生的成功不在于起跑线，而在于转折点，加入弯丽君中原名师工作室就是我人生的转折点。

二、积累沉淀，提升自我

在弯丽君名师工作室我邂逅了一群卓越优秀的老师和小伙伴，引领我开启了超越自我的学习模式，让我受益匪浅！

在弯园长和其他名师的影响之下我逐渐养成了爱看书，爱思考的习惯。以前，我思想懈怠，总会为自己找这样或那样的理由不去读书。进入工作室后，弯园长要求我们有计划地阅读教育教学理念的书籍，学习新课程的理论专著。弯园长给工作室大家准备了大量优秀的教育教学书籍和杂志，在她的引领和督促下，我阅读了像卡洛琳的《儿童的一百种语言》等大量好的教育书籍，通过阅读这些书籍，展开一次次的学习和思想碰撞，让我对幼儿教育有了更加清晰的认识，也深深地明白了任何实践都离不开理论的支持。现在，读书已经成为我个人生活的一个习惯，我相信这个习惯将会让我以后走得更高、更远。

为了让阅读更深入，弯园长请来了知名教育杂志社的写作专家，教给我们读与写的种种方法，引领大家走上美好的读写之路，也给了我信心和勇气，坚持书写读书心得，并及时分享，将读书的所得、所思在工作室交流，使个人素养得以稳步提升。

六年来，大家共同研修学习，积累沉淀，学习先进教育理念，不断的提升自我！从积极参与工作室的各项研修学习，到认真聆听每一次讲座、做好笔记、及时总结学习心得，包括积极承担讲座主持人、讲座美篇总结等工作任务，不仅激发了自主学习积极性、拓宽了视野，还增强了自身业务能力，专业理论素养也有了很大的提升。

三、名师引领，快乐前行

弯丽君中原名师工作室的活动内容丰富多彩，教育教学培训、课题培训、教学展示活动、外出观摩学习等，每一次活动都让我历经一次洗礼，每一次活动都给了我新的思想、新的启发。在名师工作室活动中一路走来，我过得充实而精彩。

弯丽君中原名师工作室为我们搭建了CCtalk直播平台，开启线上主题培训系列活动。为了更好地帮助广大老师们快速成长，弯园长不遗余力地邀请一众教育名家大咖像闫学、郝晓东、杨伟东、刘振民教授等，为大家呈现了丰富多彩的知识大餐！他们分别就课题研究、教师核心素养、安全教育、阅读与写作、家园共育、安全教育、课程评价、教师专业化发展等方面，开启了网络直播学习。相约名家，齐聚平台！千名幼教同人满心期待，在线聆听名家讲座，上演了一场又一场面对面的教育名家真人秀！讲座中，每个专家都倾其所有、无私分享，让人开阔眼界、增长见识，吸取力量！

工作室还开展了教育教学观摩活动，有效提升了我们的教育教学水平。优秀青年教师们精心准备了汇报课，如：路雪萍老师的《赶走不开心》设计巧妙，思路清晰，语言组织精准简练，情结扣人心弦；《人多不拥挤》从游戏入手解决实际问题，寓教于乐；李哲老师《一根羽毛也不能动》以孩子们喜爱的绘本故事的形式入手，引人入胜，充分挖掘故事背后的安全警示及深意……每节课，孩子们都乐于参与，主动探索，充分体现了孩子的自主性，让教育真正地、扎实有效地步步深入孩子的心灵！评课环节亦精彩纷呈，弯丽君园长带领工作室各位成员畅所欲言，针对每节课的设计思路、目标达成以及各个教学环节的效果呈现，肯定优点的同时，也对不足之处提出自己的建议和疑惑，大家一起认真反思、剖析提升、在思维碰撞的火花中又一次地茁壮成长。

四、潜心科研，硕果累累

在弯园长的熏陶和指导下，大家都积极努力进行教科研探讨，教科研成果成绩斐然：

省级课题“幼儿园美工区活动与材料投放的适宜性研究”荣获河南省教育科学研究优秀成果一等奖；省级课题“提升幼儿园区域活动环境创设适宜性的实践研究”顺利结题；河南省重点课题“幼儿园日常安全隐患与管理策略的实践研究”被评为优秀等级；河南省教育科学研究所课题“幼儿园一日活动安全教育的游戏研究”被评为省级优秀成果一等奖。另外，我参与的市级课题“幼儿语言发展中语汇运用的策略研究”顺利结题。实录性游戏活动案例《秘境探宝》获市级一等奖。论文《探析幼儿教育中的语言表达能力培养》在“全国教育管理理论与实践创新论坛”大赛中获一等奖。

总之，弯丽君中原名师工作室就像一个大家庭，一个团结合作、温馨快乐的家庭。我很幸运能成为这个家的一员，在这里舞动青春、放飞梦想、成就自我！在这个家里，我能时时感受到热烈的学习氛围和学问思辨的快乐。我会珍惜这样的机会，与名师相伴，与大家同行，努力让自己站得更高，看得更远，思考得更深，发挥引领作用，向着无愧于名师工作室成员的称号乘风破浪、扬帆起航！

总结八　阳光总在风雨后

漯河市市直幼儿园　孟 乐

孟乐，女，1997年参加工作至今，现任漯河市市直幼儿园一线教师，中共党员，中小学一级教师，河南省名师。

本人思想端正，认真贯彻党的教育方针，对工作无私奉献，身正为范，品德高尚，为人师表，尽忠职守。在23年的幼教生涯中，我热爱幼儿教育工作，把教师这一辛勤的园丁工作视为一项神圣的事业来做。平时工作中严格要求自己，认真履行岗位职责，认真钻研业务，努力学习专业知识。工作中，始终坚持对孩子有爱心，让家长对老师放心，立足岗位，严格要求自己，时时处处以工作大局为重，认真履行教师职责，圆满完成各年龄班，各教学领域的教育教学工作任务及分管的年级组工作。

一、扎根幼教、爱岗敬业

二十多年的幼教工作经历，生活磨炼，使自己养成了自强不息，勇挑重担，正视现实，战胜挫折的秉性，更学会了踏实做人，勤奋做事，从每件小事做起，从点点滴滴做起，在平凡的岗位用自己辛勤的智慧做出不平凡的成绩。

二、成长路上，努力成为一名科研型教师作为自己奋斗的目标

工作中把能够成为一名科研型教师作为自己的奋斗目标，我始终以饱满的工作热情高度的责任精神投入到幼儿园的教育教学工作中，始终把如何真正做好科研工作更好地服务于教育教学，作为我努力的方向。

1. 加强理论学习，吸收新思想，开拓新视野，不断提高自身的教学水平。

理论是基础，我在从事的一线教学中，一直潜心钻研幼儿教育理念，掌握教育规律，深入了解幼儿的心理和生理特征，为幼儿教育教学的有效开

展奠定基础。疫情的特殊时期，利用网络资源，每天抽时间聆听不同专家讲座，并做好记录，坚持写反思，提升自己的理论认识和水平，大胆将新的教学理论应运于实践教学中，真正做到在反思中提升。特殊时期，不能外出现场观摩听课，就从网上下载观看一些教学实录课，反复观看，反复思考，不断汲取别人的优点，让自己积累丰富的教学经验。

2. 积极参加市教研室组织的课题研究，通过开展课题研究，优化自己的教学行为，全面提高教育质量。

课题研究是促进教师专业化成长，促进自主学习的有效途径，对每一位教育工作者都是非常重要且具有现实意义的，教师作为幼儿指路人，就要通过对课题的不断研究来提升自身的修养和专业素质。很荣幸参加省级课题《大班幼儿劳动教育的实践研究》，在课题组成员的共同努力下，进行了课题立项和开题报告。

3. 积极加入弯丽君名师工作室，跟随名师工作室专家和成员加快自己成长的步伐。

弯丽君名师工作室是我心生向往和崇敬的地方，从成立到现在，名师工作室老师在短短几年时间成长进步之快之高令人惊叹。有了奋进的榜样和目标，使我更想努力向大家靠齐。每次参加聆听工作室所请专家授课都特别受益，更是梦想着能成为其中一分子。终于在2020年12月正式加入弯丽君名师工作室，机会难得，倍感荣幸，我更是珍惜这个平台带给自己成长的机会。在9次专家讲座学习中，认真听讲，用心记录，用心反思总结，积极参加互动。弯丽君名师工作室在2020年12月底举办了漯河市幼儿园安全教育研讨活动，我有幸承担了一节现场教学活动。因多年未对外上课和参加比赛，教育教学理念和执教水平更是需要亟待提升，在园领导对我的高度信任和不放弃下，手把手，一句句为我示范，为我点评。名师工作室里的老师也是一遍遍为我磨课，提升我的执教技能和专业水平，上级领导和老师们对我无私的帮助、为我无私的付出使我深深感动！对于我多年停滞的思维及脚步而言，磨课试课、评课过程从精神到心理都很是折磨，每次磨课后领导和各位老师的信任鼓励又使我坚定思想不打退堂鼓。仅仅加入名师工作室不足一个月，我通过名师工作室提供的平台和机会，积极参加活动，磨炼自己，使自己在专业技能方面有了质的飞跃，也使自己成长之路又上了一个新台阶。

4. 积极参加园内外，省市级教育教学的各类比赛活动，促使自己专业化水平提升。

在这后辈迅速崛起，快速成长的环境中，作为老教师，更是深感要更快更高地成长自己。没有压力，就没有动力，我积极参加园内外省市级的各类比赛，在比赛中磨炼自己，在比赛中补充自己的不足。所参加的亲子游戏《抢椅子》获市级一等奖。语言课《爸爸的手》获市级特等奖，游戏活动《战胜大怪兽》获省级一等奖，《国王生病了》获市级优质课一等奖，安全教育课《不跟陌生人走》获得好评，《修德诲人》等多篇论文分获省市一、二等奖。曾荣获市级优秀班主任，文明教师，优秀教师，师德先进个人，经典诵读先进个人，五一劳动奖章等荣誉。

三、成长路上永不停

自从加入名师工作室以来，深感自己的差距之大，团队每位成员的优秀，压力巨大。在这样的年龄想要快速成长，成长之路的确是令人悸动和困苦的。在今后的成长之路中，我会把幼儿教育当成自己的真正事业而不是简单地为了生活。干字当头，让奋发向上的劲头有增无减，一如既往，在今后的成长中，处处留心，事事用心，只有更好，没有最好。兢兢业业，不断探索，不断进取，脚踏实地地在新的起点，新的层次上，以新的姿态展示新的高度，创造新的自己！

总结九　因为最美遇见

漯河市实验幼儿园　赵丽敏

蒲公英遇见了风，可以随风飘扬播撒种子；鱼儿遇见了大海，可以自由嬉戏畅享海洋的辽阔……因为遇见，世界彰显缤纷的色彩。加入弯丽君名师工作室后，我欣喜地发现，自己一步一步地、一点一点地在成长。究竟是什么力量促使我发生这么大的改变呢？因为“最美遇见”，遇见弯丽君老师和她身上散发出孜孜不倦的钻研精神，遇见弯丽君名师工作室团队团结拼搏，奋发向上的凝聚力，在她的引领和带动下，让我遇见更好的自己。

最美遇见——阅读与写作：学，然后知不足

高尔基曾说：“书籍是人类进步的阶梯。”无论是纵观中国历史，还是横看世界发展，站在时代前沿的伟人无一不好读书，读好书。弯老师鼓励我们多读书，读好书，并开通了弯丽君名师工作室CCtalk网络直播平台，邀请了肖川、叶平枝、闫学、李冲锋等专家教授开展了关于阅读与写作方面的直播讲座，同时还在微信群开展了“阅读行动·燃梦”，每天在微信群里分享阅读感悟。弯老师意味深长地对我们说：“读书是教师专业成长最有效、最持久、最扎实的途径。”在专家、名师们的指点下，我不但读一些教育名家的著作，一些教育理论书，还喜欢读一些教育随笔和一些家庭教育方面的书籍。

“腹有诗书气自华”，几年的阅读积累下来，我的写作能力也是迅速提升，原本应付了事的幼儿园教育随笔、观察记录、教育论文总是苦思冥想，东拼西凑，现在写起来能捕其精髓，有感而发。撰写的观察记录和教育论文也能在教育论文比赛中获取奖项，其中《以垃圾分类为例——区域游戏中的深度学习》在国家刊物上发表。挑战最大的就是2020年参与弯老师编著的《幼儿园幼儿安全习惯培养实操手册》编写工作，逐字逐句地敲打和琢磨，历练了我的文字功底，磨出了我的勇气和信心。

最美遇见——技能提升：教，在反思中前行

教育教学是教师技能的主阵地，也是教师专业成长的重要沃土。弯丽君名师工作室的每一次研修互动，我学会了博采众长，取长补短；每一次的外出学习，我学会了解读教育理念，优化设计；每一次的实地观摩，我学会了关注环境、关注幼儿、关注小组合作；每一次的观摩展示课，我争取机会主动参加，在热烈的讨论中成长，我学会了课程架构、有效评价、教学反思。

至今还清楚地记得我第一次在弯丽君名师工作室集中研修时上公开课的情景。我执教了安全教育活动《失踪的小兔》，课前我用心研读教材，认真备课，精心制作课件，巧妙营造了轻松愉悦的课堂气氛；活动中，我从创设情景到激发幼儿参与兴趣，从观察、思考、分析到讨论交流、共同合作；引导幼儿从发现问题、分析问题、解决问题再到拓展延伸。课后，弯老师对我的教育教学给予了高度评价：教学重在反思，思之则活，思活则深，思深则透，思透则新，思新则进。弯老师对我说做反思型教师，要善于汲取各种先进的教育理念，并结合自己的教学实践进行理论思考，不盲从、不迷信权威，要将自己的教学经验升华为理论，并对教育理论进行加工、创新。听了弯老师的点拨，我不断反思自己的教学行为和审视教学过程，提升自我发展能力，逐步完善教学艺术：把幼儿当作游戏的主人，把自己看作是其中的一员，以平等的、合作的身份参与幼儿学习的过程，注重个体的差异性，采用发现式、探究式等教学方法。现在的我已经由磨课提升到原创课阶段，2019年我执教的语言讲述活动“我的探险之旅”获得了市级优质课一等奖，2020年是抗美援朝70周年，为了能让幼儿铭记历史，感受祖国的繁荣富强，我根据英雄邱少云的事迹原创了优质课“致敬最可爱的人”，带领孩子以情景体验、辩论赛的形式感恩、致敬不同时代身边最可爱的人，受到了幼教同人高度赞赏。

最美遇见——专业成长：研，在引领中磨砺

什么是课题研究，课题研究怎么做，作为教师该如何专业成长？在痛苦之余，我专业成长的春天来了。弯老师带领我们开始进行《幼儿园日常安全隐患与管理策略的实践研究》，进而拉开了我们教科研成长的序幕。还记得我们怎样热烈地讨论课题研究的方向；还记得我们怎样认真地开展问卷调查；还记得为了确立课题，进行问卷分析，我们熬过的无数日夜；不能忘记我们进行课题实施的每一份努力和汗水。为了更好地进行课题实施，弯老师邀请了国内知名专家：孙涛、杨伟东、胡新颖、贺斌教授进行的相关的专题讲座：《课题研究那些事》《课题研究存在的问题及研究建议》等，不能忘记为了组建合作学习小组，我们争论得面红耳赤……

付出总有收获。2018年10月我们工作室研究的课题《幼儿园日常安全隐患与管理策略的实践研究》被立项为省级“十三五”重点课题，2020年8月优秀结题；2020年10月我主持的园级课题《基于本土饮食文化开展幼儿园食育区角的研究》正在实施进行中。感谢我们的名师工作室，感谢和我一起学习的团队。在这里我收获了作为一名教师的独特幸福，在这里我诗意地享受着成长的过程。

成长的感觉真好。我在互动教研中成长，我在忙碌与努力中进步，我在读书与思考中提高。我一直认为自己是非常幸运的。因为有弯丽君名师工作室这些有温度的家一样的平台提供给我成长的沃土，在我成长过程中还受到了很多专家老师的引导和鼓励。

我希望自己一直拥有一种对教育的情怀，一种超然物外的精神气质，一颗宠辱不惊的平常心和幸福感，在这个喧嚣繁杂的时代，我要做一个真实而安静的思考者与探索者。

总结十　成长是一个过程，经历是一份财富

漯河市实验幼儿园　刘晓庆

时间在繁忙和有序的生活中悄然而过，加入“弯丽君名师工作室”已经有四个年头。回顾在名师工作室的学习，我感受到这个集体带给我的欢乐、成长和收获，也许这四年来我并没有值得夸耀的成绩，但弯园长带领我们工作室全体成员及同行们好学上进、乐于创新、勇于开拓的精神给予我很大的动力。现将我的成长做一个汇报，让过去成为未来的基石。

一、理论积淀，提升素养

1. 向书本学习。自2017年市实验幼儿园推荐我参加“弯丽君师工作室”开始，心中充满了期待，二十多年的教龄虽然积累了一些教学经验，但渴望在教科研和理论素养方面提升是我学习的动力。但同时感到有一种压力，因为工作室的每位成员都是漯河市各优秀园所的业务骨干或省级名师，综合素质高。而自己近六年来脱离了一线教学走向了管理岗位。繁多的事务性工作占据了工作的大部分时间，静下心阅读书籍的时间减少了，加强读书学习，丰富自身内涵已成为我个人成长急需的“营养品”，弯丽君名师工作室急大家之所需，推出了一系列读书活动：“燃梦行动·阅读”、闫学教授关于阅读方面的《教师专业成长的向上天梯》专题讲座。线上读书分享“书海遨游拾贝，阅读沁润人生”活动。还推出了一系列专业理论书籍《如何成为优秀的教师》《教师专业共同体研究》等。

苏霍姆林斯基说过“无限相信书籍的力量，是我的教育信仰的真谛之一”。通过读书活动，我养成了每天看书、读书、摘录书籍经典、书写读书

笔记的好习惯。现在总会有一天不看书就会不舒服的感觉，好像吃饭缺了盐一样。理论学习，读书分享，促使我吸收更多先进的教育理念、教育方法和措施，掌握学科教育发展的新动态、新知识。学以致用，在我的带领下，用专业的理念指导幼儿园的教科研活动，在我的带领下，西湖学校幼儿园建立了严谨的教研制度，老师们迅速走入正轨的教研活动中，新老师通过教研、理清了教学思路、明确了自身专业成长的方向。

2. 向网络学习。网络是我学习的又一平台，通过名师工作室CCtalk平台，我聆听了路雪萍老师讲的《幼儿园歌唱教学活动的有效策略》、马林老师分享的《幼儿园教师听评课的方法和技巧》等教学讲座。潜心研究，研究她们在教学中用了哪些策略？为什么他们的教学活动往往波澜起伏、有声有色，令幼儿入情入境呢？逐渐地，我开始审视自己，“我如果再次走进课堂，我还能做到和孩子融洽相处、让游戏化的课堂再次升温、高效、富有吸引力吗？”“我的教学活动究竟还存在哪些问题？”反思之后我给自己定了一个目标，每个月入班上两节课，在教学活动中实践，使自己设计教学活动的能力又上了一个新台阶。

二、名师引领，积极向上

弯丽君名师工作室成立六年来，不断创新多种学习形式、学习途径，利用线上线下多种形式开展了专家讲座、名师授课。从名师身上我看到了什么是“孜孜以求”。为了提高教师们的专业化发展，弯丽君名师工作室邀请到知名专家叶平枝教授、王萍博士、李冲锋博士为我们带来《幼儿教师专业发展的核心素养》《幼儿教师专业成长的路径和方法》《教师如何读书》专题讲座，指明了一名优秀的幼儿教师不但是业务水平上有高度，更应该有专业素养，提升自己和不断超越自己的能力。几位教授利用丰富的案例指引教师不断地学习思考，反思教育教学工作，更好地提升自身的专业素养。

回想，我从一位稚嫩的小老师，一步步成长为一位省级骨干教师，一位园长。在这短短的四年里我也荣获了“市级师德先进个人”、“市级语言文字先进个人”，撰写文章《忠诚于党情系教育 心系校园爱暖幼儿》获得市级师德师风优秀案例一等奖、市亲子游戏案例《丰收乐乐》荣获二等奖。我个人的专业理念、自身素养、管理能力、业务能力都有了很大的提升。非常感谢名师工作室这个平台，给了我们学习、提升的机会。

三、立足实践，完善自我

“实践出真知”积极发挥传、帮、带作用，四年来，我所指导的教师教育教学水平都有不同程度的提高。我个人指导的教师：肖旭华执教的美工课《美丽的花瓶》荣获园级观摩课一等奖，指导教师李嘉敏执教的音乐课《小鼓手》荣获市级二等奖，指导朱贺军教师、牛颖颖教师备课、技能等方面参加全市招教考试该教师顺利考入市实验幼儿园。

四年来我在两所幼儿园担任园长职务，面对不同的教师队伍、师资水平、地域环境，我个人也在不断适应新的工作环境带来的工作压力，两所幼儿园从新建园开始，从一面面白墙到丰富多彩的墙面环创，从空荡荡的教室到硬件设施齐全，从师资队伍的专业匮乏到具有良好师资水平的教师队伍，从找着家长做工作到家长主动积极配合幼儿园管理。教师教学理念提升了、家长育儿方法科学了、一面面锦旗、一封封感谢信纷纷送到幼儿园，幼儿园声誉大幅度提升，得到了周围群众和社会的高度认可。我个人也荣获了市级“市级优秀教师”等荣誉称号。当然这些成绩的取得，离不开工作室的指引和名师团队的引领，我也从这个团队身上学到了互帮互助、团结、创新的工作理念。

四、反思回顾，促进成长

成长是一个过程，经历是一份财富。进入弯丽君名师工作室以来，虽然取得一些进步，但是还存在很多不足。特别是在撰写和发表论文方面，离工作室的要求还有一定的距离，今后我要将提高撰写能力放在首要位置，坚持写工作随笔，争取多在教育刊物上发表文章。回顾四年的成长历程，深感欣喜和充满感激。在今后的工作中，我将继续扎实地学习、反思、践行，沿着“学无止境、教无止境”的路途前行。

2021年元月

总结十一　追梦路上，一起前行

市直幼儿园　杨晓勤

“小时候我以为你很美丽，领着一群小鸟飞来飞去；小时候我以为你很神气，说上一句话也惊天动地……”从小耳边就回响着这首歌，从儿时起就梦想着长大后成为一名老师，我的教师情便从那时起就在心里生根发芽！

“长大后我就成了你，才知道那支粉笔，画出的是彩虹洒下的是泪滴。”2010年刚毕业就通过招教考试，我如愿成为一名正式的幼儿教师。

刚开始觉得做幼儿园教师是真的是一件很幸福的事。每天和孩子们在一起，开心、快乐、简单、幸福。慢慢的烦琐与喧闹占据了整个工作，日复一日，年复一年，慢慢的，我开始迷茫，课堂上面对孩子们在活动中兴趣不高和一发不可收拾时，真想一下就能做点儿什么吸引他们的全部的注意力，可又不知如何更好地把控。面对着一群调皮捣蛋的“熊孩子”由刚开始的细心耐心到后来的不知所措！面对家长的不理解和指责，难过、委屈地抹眼泪！更有甚者有时候想找一个安静的角落逃离！难道这样就要退缩了吗？一个声音好像在质问着我！就在我节节败退的时候，园长把我叫到办公室，她和我谈了很久！我到现在仍然记忆犹新，她告诉我：“我们的工作非常的琐碎，不管做什么事都要用心、有计划！把每天的事情列出具体实际的计划清单，便会不忙乱，做事情分轻重缓急，重要的事情提前做，做到有条不紊！工作中遇到事情不知道如何处理时，说明该给自己充电了，看书学习会丰富自己，让自己变得丰盈！当自己解决不了时不妨暂时放下手中的事情，精心阅读，去书中寻找答案。”园长的一次谈话就像一根救命稻草又像一场及时雨，让我如沐春风，醍醐灌顶！听君一席话胜读十年书，从那以后我便沉下心来不断地学习，不断地提高自己，学习更多的专业知识和先进理念了解每个年龄段每个孩子的身心发展水平与不同的发展程度，因地制宜地制定所有的生活与学习目标。通过学习、培训和有经验老师的交流，反思、摸索，让我在一次次的组织活动中体验收获与成功，感受到自己在不断成长。就这样一步一个脚印地让自己从一个年轻的老师成为一名胜任型教师！

有人说“越努力，越幸运”2015年弯丽君名师工作室成立了，我很荣幸的被推荐成为名师工作室的成员，来到这个高品质的平台，才知道什么叫“山外有山，人外有人”。这样通过近距离地和名师大咖们接触，发现自己真的太渺小，自己和名师的差距还有很远很远！需要学习的还有很多很多！

进入这样一个平台，让我有机会跟着名师、专家一起学习、一起成长、一起进步！弯园长的善学、善思、善悟和她的努力、以身作则感染着我，激励着我要更加倍地努力去跟上大家的脚步！加入工作室以来，每次的培训都恰逢其时，想我们老师所想，像一场场及时雨滋养我们干渴的心田，让我们变得丰盈起来！

通过聆听讲座和弯园长的引领带动，我认识到作为一名年轻的幼儿园教师，教师专业发展的重要性，教师专业发展就是教师作为专业人员，在专业思想、专业知识、专业能力等方面不断完善的过程，即由一个专业新手逐渐发展成为专家型教师的过程。作为一名年轻的教师，要想实现自身专业化的成长就必须要根据自己的实际情况，制订具体的计划并脚踏实地地坚持，平时不管去哪里学习都要进行录音和反复学习，总结和提炼他人的经验为更加充实自己，认真对待每一次学习，勤反思，常感悟，把反思和感悟由思考转变为写作，让每一次学习都有真真切切的收获和成长！在日常的教育教学上学会录音和反复倾听自己的上课情况，做好笔记，做一个善于思考，总结，提炼自己的人！

让阅读成为一种习惯，让学习成为一种终身习惯，让读书成为一种永远的精神追求。在我们这么优秀的团队里所有的名师，没有哪一个人是脱离了博览群书这一基本点而凭空“一夜成名”的。教育没有什么先天因素，要有成就，唯一的方法，就是学习，就是阅读。阅读的同时坚持写作，做到每天坚持练笔，每天记录两百个字，不闲谈更多的是写下的每一个字都带着自己的思考，带着观察带着生命的温度！

“负重不能远行，无论身处怎样的平台，都要学会适时地‘清空’，‘清空’是浅层次的舍弃，是对高标准的容纳，清理身上捆绑成长的枷锁，让成长始终处于零状态，时刻充满激情，更好地实现再出发！”在自己从事的领域中潜心钻研，有所成就和突破。每个人的成长史都是一部血泪史，在自我完善的过程中都需要耐得住寂寞，沉得下心思。

弯园长时常说：“人生没有白走的路，每一步都会算数。”学习路上，永远不晚，努力让自己成为他人心中的重要他人，也许我成不了名师，但是我能成为向名师靠拢的人。也许我成不了专家，但是我能成为向专家学习的人。成为名师既不会太简单，也不会太复杂，我们始终相信只要带着梦想前行，过程总比结果重要得多，最美的风景永远在路上，也许这条路上花团锦簇，也许这条路上布满荆棘，一起同行，向有梦想的路上一起出发！

总结十二　与爱同行

临颍县县直幼儿园　秦小兵

相遇也许是一场浪漫爱情的启程，也许是一场久别重逢的喜悦，也许是寒冷中的一股暖流，也许是风雨后的一抹彩虹。2016年我参加弯丽君中原名师工作室，与温文尔雅、有教育大爱情怀的弯园长相遇，与多才多艺、优秀的团队小伙伴们相遇，开始了一场愉快、蜕变、超越自我的成长之旅。

回忆五年多的工作室研修学习历程，大家共同学习促成长，以阅读滋养写作、努力馈赠收获。那是不断突破自我、超越自我的蜕变之路，更是追求卓越，与爱同行的金色旅程。

一、示范引领，共同成长

弯丽君名师工作室是引领漯河市幼教工作者学习成长的摇篮。弯园长是一名优秀的幼儿教育工作者，第一次看到弯园长，我的印象是热情、温文尔雅，随着不断深入了解，我发现她认真、勤奋、谦逊、业务能力强，让我佩服的是她已经出了两本关于幼儿园安全的专著，更难得的是如此优秀的她现在依然每天晚上加班到深夜。我觉得她是超人，是我心中的女神。她不仅优秀，还是一位有大爱的教育者，她常说，“一个人可以走得很快，一群人可以走得更远”，为了推动漯河市的幼教事业更好地发展，诚恳地邀请漯河市级和县级幼儿园推荐优秀教师到工作室一起学习。

弯园长根据成员的需求，全面提升大家专业素养，利用不同的学习、培训模式，邀请众多大咖教育专家，杨伟东、闫学、刘振民、郝晓东、刘力教授，还有知名教育杂志社的主编等，为大家呈现了丰富多彩的学习大餐：课题研究、教师核心素养、区域活动、安全教育、阅读与写作等。刚进入工作室，我感觉自己就像是井底之蛙，团队中的姐妹们是那么优秀，我自叹不如。我打定主意跟着弯园长在这个团队里努力学习，提升自己。

多年的工作室研修学习，我受益匪浅，拓宽了视野、增强了自主学习积极性、业务能力和专业素养也有了很大的提升。研修学习中，我积极参与工作室的各项研修学习，认真聆听每一场讲座、做好笔记、完成学习心得，在弯园长的督促下完成专业书籍阅读和读书笔记书，虚心向团队姐妹们学习，勇于承担工作室安排的展示课、讲座主持人、讲座美篇总结等工作任务。

二、乐于求索，自我成长

弯园长曾说过：当我们的成长成为一种自觉自愿的行为，成长的时候才会更有动力，才能走向生命的自觉。三十岁之前靠的是天分，三十岁之后靠的是勤奋。

（一）集体教育教学活动

参加弯丽君名师工作室研修学习后，我有了更强烈的自我学习成长紧迫感。作为一名教师，上好每一节集体教育活动是我们的必修课。原来，我感觉自己的集体教学能力还不错，爱钻研、大胆、善于创新，参加工作室学习之后，我发现自己还有很大的提升空间。

一次集中研修学习，我展示了一节美术活动《舞龙舞狮》，对我的感触最深。课前我做了大量准备工作，但当天的教学效果不甚满意，感谢团队的姐妹们除了肯定我丰富的教学经验、沉稳的现场把控能力、简练的语言、有效的课堂提问、评价，更是真诚地、直言不讳针对活动中存在的不足，提出了不同建议和改进的方法，化解了我在美术活动中存在多年的困惑。

（二）阅读写作

我平时喜欢阅读一些闲书，对专业书籍阅读量不大。参加工作室学习之后，发现工作室的成员阅读量比我大多了，她们阅读的专业书，我有的别说看了，听都没有听说过，说我孤陋寡闻一点也不为过，难怪她们的口才和文采那么好。听了几场工作室组织的关于阅读写作的讲座后，大大激发了我的阅读写作激情，我开始要求自己有坡度地阅读，潜下心来阅读，看幼教杂志“视野”“教研”板块理论性的文章，啃国内外教育家专著，看不懂的多看几遍，边看边圈画，边思考，还坚持写读书笔记，慢慢地喜欢上了专业书籍的阅读。

在弯园长和指导我们阅读写作的专家讲座中，我总结写作的经验是：写作没有捷径，唯一的方法是敢写、坚持写，写出来的文章要修改。坚持每天发微信朋友圈是促进写作不错的选择。现在的我依然写作水平一般，但我敢写，坚持写。多年的阅读写作成长路上，经历了收获、满足，抑或挫败、失望，调整心情后依然会静下心来趴下来坚持我的阅读写作之旅。

我期待有一天在幼教杂志或教育报刊有我发表的文章，我期待有一天能出版一本自己的著作。不论结果如何，我不后悔，我依然会坚持阅读写作，只想让自己的人生因为阅读写作变得充盈和富有诗意。

三、积极科研，收获满满

参加工作室研修学习之后，聆听了专家的讲座，借鉴了团队姐妹们的经验分享，面对日常工作中出现的状况和问题，我有了更多的思考和想法，也有了快速提升自身的专业素养和教研水平的紧迫感。

近几年来，我还积极参与各种教研活动和比赛，论文、优质课、课题研究、教育教学案例分析、玩教具制作等，还取得了不错的成绩，美术优质课获市级一等奖，省级二等奖；论文多篇获县、市级一、二等奖；教育教学案例分析市级一等奖；参与、主持县、市级课题四个；玩教具在制作多次获省级一等奖，还获一个全国二等奖；园本教研案例二等奖；市级教研先进个人等荣誉。

四、乘风破浪，未来可期

成长是一场孤寂的修行，成长又是不断超越自我的充实和满足。成长的过程就像破茧成蝶，挣扎着褪掉所有的青涩和丑陋，在阳光下抖动轻盈美丽的翅膀，闪闪地，微微地，幸福地颤抖。

参加工作室研修学习后，增添了不少工作量、压力和挑战。研修学习的五年里，有成长、有收获，那是幸福和满足；有憧憬、有梦想，那是甜蜜和希望；有挫败、有落寞，那是挣扎和不甘；有痛苦、有压力，那是成长和蜕变。面对成长的磨砺和痛苦，失眠的困扰，身体旧疾复发的折磨，无暇顾及家庭和孩子的愧疚，我追问自己：为什么让自己这么辛苦？为什么逼迫自己不断跨越自己的高度，挑战自己的极限？爱人曾心疼地劝我：“你明明就是一只麻雀，再扑腾也变不成一只老鹰，歇歇吧，别让自己太累。”想到弯园长对我的鼓励和期待，想到弯园长那么优秀，工作那么繁忙，依然在不断学习，还有团队小伙伴们饱满的学习劲头儿，为了我挚爱的教育事业，为了心中的梦想，我有什么理由停下来呢！唯有奔跑在成长的路上。我不是一个天资聪慧，悟性高的人，只能以勤补拙，也许我真是一只麻雀，不是搏击长空的雄鹰，但我也要做一只不断打破自己飞行高度的麻雀。

工作室研修学习路上，我们因相遇，让人生充盈；因相遇，让阳光灿烂；因相遇，让我们从优秀走向卓越。感恩弯园长的引领和影响，感恩线上和线下为我们带来精彩讲座的专家们，感恩团队姐妹们的携手相伴。五年多的时间转瞬即逝，未来可期，让我们不忘初心，继续跟着弯园长的步伐，与爱同行，继续奔走在成长路上。

总结十三　心在哪里　精彩就在哪里

漯河市郾城区实验幼儿园　李　哲

记得我曾看到过一句令人怦然心动的句子——幼儿教育是一场诗意的旅行。时光如梭，在这场诗情画意的旅途中，我经历了像天上的繁星一样多的事情，这些经历或大或小，或平淡或精彩。最令我激动和难忘的就是有幸加入了中原名师弯丽君名师工作室团队，回想往日成长的点点滴滴，万千感慨涌上心头。

一、感恩相遇——初识弯丽君名师工作室

三年前，在我园领导的信任和推荐下，我有幸加入了中原名师弯丽君名师工作室。在这个赫赫有名的团队里，我感受到了弯园长那如沐春风的温暖，雷厉风行的工作作风，一丝不苟的工作态度，亲力亲为的工作热情，认识了许多优秀的成员老师，让新来的我紧张的心情得到了很大的缓解，并很快地融入了这个有爱的大家庭，感恩相遇，感谢工作室友爱的家人们。

二、开给自己的花——努力提升有进步

（一）学习专业知识是提升素养的法宝

进入工作室后，我见识到弯园长在提高教师专业素养方面下了很大的功夫，工作室联盟活动、跟岗培训、专家讲座、CCtalk网络平台学习活动等，培训的内容从教师实际需要出发，非常有效实用。尤其是CCtalk网络平台活动，既方便又快捷。在这个平台上，我聆听到了国内知名幼教专家的精彩讲座，讲座内容包含阅读写作篇、家庭教育篇、专业化成长篇等，内容丰富、主题突出。每次在讲座后及时写出自己的感悟，并及时地与工作室老师们交流心

得，不知不觉中我的专业理论水平有了明显的提高，驾驭课堂的能力也有了进一步的提升。而且在弯园长的鼓励下，我还担任了网络研修的主持人，并加入到宣传组进行网络研修前的专家资料编辑工作，还在工作室赵老师的帮助下学会了制作公众号，最记忆犹新的是当我第一次主持完网络研修活动后，弯园长及时鼓励我，说我做得非常好，还说“不逼自己一把，永远不知道自己有多优秀”，这份珍贵的经历更为我增添了一份勇气与自信。

（二）当阅读遇见写作

阅读与写作，是教育工作者的永恒话题。写作需要从写的行动开始，需要在坚持中历练，需要在阅读与实践中丰富，并不断保持阅读与写作生命的张力和灵动性。我知道自己的短板和不足，加强阅读和写作就是弥补提升自己的好方法。在弯园长的指引和各位名师的帮助下，在工作室这种好学、奋进的精神感染下，我静下心来，给自己定了一个小目标：每天阅读书籍半小时以上，并摘抄书中好句，及时书写读后感悟。在《给教师的建议》《和教师一起成长》等中我吸收了很多优秀的教育理念、教学方法和教学手段，夯实了自己的理论基础，并在教育教学工作和园本教研中有效地运用了这些专业理论知识，收获颇丰。除了这些专业理论类书籍，我还阅读了《最好的教育是爱》《发现孩子》《孩子的一百种语言》等书籍，学会蹲下来，和幼儿平等相处，探究幼儿丰富的内心世界，力求做孩子最好的大朋友老师。阅读，是远方的光亮；写作，是向上的天梯。阅读让我积累了很多的教育素材，并多次荣获教学案例评比一等奖，也是一笔巨大的精神财富。

（三）课题研究那些事儿

我清晰地记得加入弯园长工作室后的第一次团队活动就是去周口市实验幼儿园参加培训跟岗活动，令我印象尤为深刻的是杨伟东主任关于课题的讲座。听着杨主任幽默风趣的专题讲座，看着老师们分组进行激烈的课题研究小组辩论，让我对课题研究有了新的认知和满心期待。在工作室里，在省级课题研究工作中，弯园长带领我边学习边做课题，每一次的课题工作会议我都积极参加，认真记录专家的指导和建议，蒙台梭利有句名言：“听了可能就忘了，看了可能记下了，只有做了才会懂了。”学以致用、知行合一。回园后陆续参与了区级课题和市级课题的研究工作，去年在我园组织申报区级课题研究的时候，我积极地报名当主持人，在这个课题研究过程中，在《基础教育教学课题研究十八问》的帮助下，那些之前我看得似懂非懂的知识现在再看来概念明确，指向性非常强。这些经历对我而言充满了挑战，也收获了开展课题的能力。

三、展望未来——努力学习是为了成为更好的自己

“苔花如米小，也学牡丹开。”在弯园长不辞辛苦的引领下，在工作室名师们的影响下，我在专业能力方面提升很多，园领导和同事们都说自从我参加了弯丽君名师工作室后变化很大，无论是讲课、教研能力、课题研究等方面都有了明显的进步。我深知自己距离优秀名师的标准还有很远的距离，但我不会气馁，有目标，前方的路就不会迷茫。要成为更好的自己，秘诀只有一个——努力学习。在学习中不断修正自己，完善自己。力争做一名有思想和创新意识的幼儿教师。

生机盎然的春天总会在寒冷漫长的冬天之后来临，秋天收获的累累硕果也是要历经春的播种、夏的耕耘，甚至更长时间的等待。我坚信，在弯园长的带领下，在工作室踏实好学、锐意进取的氛围影响下，我一定会继续行走在幼儿教育的路上，成为更好的自己。心在哪里，精彩就在哪里！

总结十四　因为有你，一路有你

临颍县南街幼儿园　赵海霞

2017年6月19日，是一个令我非常难忘的日子，因为那一天，我加入了弯丽君名师工作室这个温暖的大家庭，非常荣幸地成为其中的一名学员。打开一个个记录本，那是我学习、成长的足迹，三载春秋，光阴如梭，忙碌而充实，在弯丽君园长的引领下，我追随伙伴们的脚步，在不断地学习、进步、成长、收获。

一、第一次的学习，开启了我不一样的人生

第一次学习，让我感受最深的是弯园长工作室成员老师对我们如亲人般的热情接待，对我们生活细致入微的关心以及体贴的安排，不管是去漯河高中参加专家讲座还是去市直幼儿园参加学习，学员们都会提前给我们通知时间、地点，告诉我们详细的路线，带领我们去学习，给我们提供热水，路上嘱咐我们注意安全等，特别是在幼儿园进餐，每次还给我们加水果，再三地询问我们吃好了没有，中午给我们安排休息的时间，晚上提醒我们休息等等。

第一次参加工作室的学习，我感觉很有压力，看到弯园长一路成长的不懈坚持和努力，看到工作室成员的学习劲头儿和优秀成果，我深深的愧疚，她们的业务水平和专业能力让我惊叹，和她们相比，这些我都远远不及，这么多年走来，我有的只是工作年限的叠加，其他关于专业、理论方面我懂得太少太少。我是一个已经有20多年教龄的一线老师，做的比她们差得太远太远，我暗暗下定决心，走出我的舒适区，再次拿出往日的工作热情来投入我的工作，把幼儿教师这份职业当作事业来干，于是我开始把原来追剧的时间拿出来不断读书，把有关专业成长的书籍先后进行了学习，又阅读了有关改变心态的十几本书。先后参与了幼儿园《浅谈幼儿食品安全教育》《家长怎

样培养幼儿快乐阅读》论文的撰写。每周坚持写教育笔记、教育反思，组织家长讲座10余场，来提高家长科学育儿的整体素质。积极参与工作室读书分享交流活动。

“一分耕耘，一分收获”自从参加工作室后我在思想认识、自身专业素质等各方面都有了不同程度的提升，得到了领导和同志们的好评。2018年我被县里评为优秀班主任，在关爱留守儿童，做最美志愿者中被县里评为优秀组织者，又先后三次被园里评为优秀班集体。

二、锤炼思想，提高境界

已有二十多年工作经验的我，一直对工作充满热情，对教育教学充满责任感。然而前几年，我逐渐感觉专业水平似乎进入瓶颈期阶段，有些茫然，再也提不起往日的激情，工作也不再那么追求完美，自从加入工作室后，在弯园长的的带领下，先后去漯河、周口、信阳等地区参加学习、观摩，看老师讲课，听专家讲座、评课，在这里，我被名师们的工作热情、积极上进的精神、超凡的人格魅力所激励，我对自己所从事的幼儿教育事业有了新的认识，我对人生有了更明确、更高的追求。

三、用知识洗涤我的心灵，沉淀我的思想

进入工作室后，弯园长为了提高我们的阅读写作水平，先后请相关专家通过现场、网上讲座十几余场来指导我们阅读写作。这些年，在弯园长的引领下，在大家的影响下，我逐渐养成了爱看书，爱思考的习惯，通过阅读，感觉自己对一些幼儿教育理论有了更深的理解，心情也豁然开朗了许多，在平时的工作中，我坚持理论学习，不断提升自己教育理论素养，加强理论联系实际的应用，利用所学来指导具体教学，后来参加了“燃梦行动・阅读”现在每天都坚持阅读打卡，如今阅读就像我每天要吃饭、睡觉、洗脸、刷牙一样，已成为一种习惯，我相信这个习惯将会让我以后走得更高、更远。

四、与名师同行，让我的人生走向新高度

自从参加工作室后，让我有了更多的机会与各地的优秀教师面对面交流。她们优秀的品质如同黑夜中的一轮明月，照亮了我前行的道路，工作室的每次学习都为我的教学注入了新的活力。活动内容丰富多彩，有教学活动

展示、课题培训、外出观摩学习，每一次活动都让我经历一次洗礼，每一次活动都给我新的思想、新的启发，参加工作室一路走来，因为有了心与心的对话交流，有了这份相约，变得让人期待，我除了在专业水平上有了很大的提升，同时我还收获了自信。工作室里我被安排到了文字组，负责制作讲座后的美篇，每次制作美篇都会得到弯园长和小伙伴们的鼓励、夸奖，所以不管有多忙多累多晚，我都会及时完成美篇的制作，因为只要想到我们背后更忙更累，为了提升我们专业水平的弯园长在辛辛苦苦地给我们搭建学习平台，所有的累都瞬间化为乌有。

五、感恩最美的遇见

感恩遇见知识渊博、才华横溢有大爱情怀的弯园长，引领我们不断地进步、成长。感恩遇见优秀的小伙伴们时时鞭策着我努力学习、进步。弯园长阳光般的语言温暖着我们每个人的心田，很多时候，不管有多累，当听到弯园长的关心、鼓励时，都会感动的只想掉眼泪，小伙伴们的学习劲头儿值得每个人点赞。感恩遇见，感恩最美的遇见，莫过于认识你们——不早也不晚，因为有你，一路有你！

前方的路还很长，学习永无止境，在今后我会更加积极地参与到工作室的各项活动中，相信在弯园长的带领下，在这个优秀的平台上，在伙伴的帮助下我一定会让自己更快地成长起来！

总结十五　教育在路上　学习不停止

华夏之星幼儿园　张玉霞

时光如白驹过隙，转眼间加入弯丽君名师工作室已近5个年头了，回顾在名师工作室的学习，我感受到这个集体给我带来的欢乐与收获，也让我在这个团队中成长。这几年我收获颇多，这得益于工作室成员好学上进、乐于创新、勇于开拓的精神给予我很大的动力，让我在教育教学实践的岗位迈着坚实的步伐。成长是一个过程，是一份快乐。四学年来我收获了很多，同时也看到了自身的不足，现将四年多来的成长经历回顾一下。

一、感受名师魅力

听说弯老师的大名可以追溯到20世纪90年代，那时刚工作不久，到市直幼儿园观摩学习，听到的第一节课就是弯老师的美工课《海底世界》，这节课的设计以幼儿为主体，通过故事、幻灯片、游戏认识各种鱼类，激发幼儿的对美的感受、美的体验。丰富幼儿对美的想象、创造。带领孩子参观海底世界，让孩子说一说海底世界发生什么有趣的事，让孩子保持作画的兴趣，由于弯老师各个环节设计生动有趣，孩子参与的积极性高，孩子们的作品都能表现出丰富多彩的海底生物，还能根据自己的画讲述出一个有趣的故事。这节课让我感触很深，让我知道了尊重孩子身心发展的规律和学习特点，以游戏为基本活动，寓教于各种活动之中。从弯老师身上让我感到作为幼儿教师的乐趣所在，认清自己，找到努力的方向和前进的动力。

二、与名师结缘

2016年11月，我有幸加入了中原名师弯丽君工作室，自从听过弯老师的课以后，我一直有个心愿，想结识弯老师，得到弯老师的指导。这个愿望终于实现了。在弯老师的指导下，学习到了最新的教育理念，专业技能得到了提升，教学能力也增强了。

三、名师伴我成长

（一）专业理论学习和素质的提升

名师工作室的每次学习我都倍感珍惜，特别是对我们民办园来说，更要努力学习，掌握最新的教育教学理念，提升自身素质。弯老师根据工作室成员的特点和成长要求，为大家请来国内的教育大咖开展线上线下专题系列研修活动。培训包括课题研究“阅读与写作”“家庭教育”“教育叙事与教师专业化成长”“区域活动的指导”“幼儿园区域活动后的分享与评价”“做孩子喜欢的老师”“幼儿园美工区活动与材料投放”“读书交流活动”“作为教师通用能力的读与写”“幼儿语言发展中的听说读写”“幼儿园一日生活常规管理”“幼儿园结构游戏的组织和指导”“幼儿园节日活动的组织与实施”“幼儿园教师听评课的方法和技巧”“幼儿园歌唱教学活动的有效策略”“幼儿教师专业发展的路径与方法”“课程资源来源于生活之中”“《指南》理念下五大领域教学实践”“幼儿园游戏化教学的组织与思考”“幼儿园日常安全隐患与管理策略”“幼儿园日常安全隐患与家长沟通”的有效策略等。以“专业引领、技能提升、共同成长”为目标，解决工作中实际遇到的问题，帮助大家成长。2020年一场突如其来的新冠肺炎疫情打乱了我们的生活节奏，弯老师及时调整线上网络研修，开展了疫情防控时期幼儿安全教育的管理策略、春季开学如何做好幼儿园疫情防控，指导大家做好延期不延学的学习工作。

（二）走出去、请进来进行学术交流研修

加入弯老师工作室以来，先后走进周口实验幼儿园、郑州航空港绿苑幼儿园、漯河市市直幼儿园进行优质课观摩、教研活动的现场研修，与教育大咖们面对面交流，接受专家现场指导，针对老师的教学目标、环节、教学反思给予耐心细致的指导。通过这样的活动，我得到了快速成长。弯老师是一个非常优秀的指导老师，平易近人、责任心强，业务能力精湛，深受教师们的喜爱。

在名师工作室的学习和历练，使我能够从容应对工作中出现的各种问题，将先进的教学理念运用于教学，运用先进的教学方法处理教学问题。在

2017年漯河市特殊教育优秀论文评选活动中，荣获二等奖。2016年7月，我园被选为河南省融合教育试点园，我有幸成为负责人，负责我园融合教育工作。2017年5月，我园参加中央财政“关爱残障儿童融合教育示范项目”带领特殊儿童家长和热心公益的教师、普通孩子家长成立了家长互助小组，支持特殊儿童家庭和普通儿童家庭结成一对一伙伴家庭，促进家庭之间彼此支持，共同成长。带领特殊儿童家庭参加“老友记”“亲师茶馆”等活动带领家长走出幼儿园，一起到咖啡馆喝咖啡，一起到户外郊游、采摘、读书，让家长们在轻松愉悦的氛围中打开心扉，吐露心声。老师和家长成为朋友，老师更能体谅特殊儿童家长的不易，家长也了解了老师在幼儿园对孩子的付出。老师的陪伴和坦诚让家长的心理压力得到了释放。之前家长怕被歧视和嘲笑，疏远亲友，如今通过我们园成立的家长小组让他们认识到他们应该联合起来，还相互支持，互相帮助，共同支持孩子成长。我园的融合教育工作被写入《豫见融合——河南省学前融合教育实践案例》这本书。

通过在名师工作室的学习，我的变化很大，也走上了管理者的岗位。学到了先进的教育理念和管理经验，热爱幼教事业，我要永远保持一颗学习的心，学习弯老师的进取态度，求知精神，在自己的岗位上做出最大成绩。

总结十六　在爱中成长

舞阳县县直机关幼儿园　张　洁

年华似水，岁月飞逝，回首相视，我已在教育这个行业里耕耘了二十个年头。在每一个与孩子为伍的日子里，我都感受着喜悦的幸福，脸上总是有着美美的笑容，心中总是装着满满的快乐，我把自己的那一份愉悦，那一颗爱心，那一种执着都无私地奉献给孩子们。所以，我有着如同孩子般透明的心灵，简单的快乐和豁达的心境，用我的真心、真情从事着阳光下最为纯洁、灿烂的事业，但我明白一直坚持走这条路确实不易。

一、爱——让我的成长从被动到主动

从小到大每逢有人问我长大了做什么？我总是不知如何回答，后来随着年龄的增长，我开始有了模糊的想法，我想当一名理发师、设计师。再后来，就没有想法了。

当我走进师范类学校，还没有意识到将来的责任和目标，总想着路才刚刚开始，还有很长时间让我准备，三年的时光很快就过去，还没有汲取足够的能量，我已经毕业了，成为太阳下最光辉的教师，直到走上工作岗位后很久内心还在挣扎，世界那么大，我也想去看看。

工作期间，每天感受着来自孩子、家长、同事、领导的爱，体验到幼儿教育职业的幸福感，在爱的氛围中，我像海绵一样在不断汲取能量，填充自己的同时，慢慢地我感觉自己在课堂教学、学习态度、责任感、心态等都发生了变化，经验的积累、知识的沉淀都让我迅速地成长，我才意识到自己是如此爱这份职业，正是这份默默的爱，让我从被动的接受到主动的汲取，爱成为我投身于教育事业的原动力。

二、支持——让我的成长拥有了坚强的后盾

二十，这个数字对我们来说并不是最大的，而二十年始终如一的坚持，却让这个数字显得很沉重，回顾这二十年来的成长之路，让我深深地感受到个人成长离不开自信、钻研、毅力，更离不开名师工作室群体所形成的强大的精神后盾。

加入弯丽君名师工作室是多年来的期待和梦想，终于梦想成真了，当我走进了这个充满力量的大家庭，参与到工作室的各种公益活动中，才找到幼教丛林中的指南针。

弯园长废寝忘食的工作态度辐射到了每个学员，看到如此团结努力的团队，我只有不停地奔跑，追上大家前行的道路，在行走中多和专家、伙伴交流沟通，学习共研，让自己成长的速度再快些、再快些。

三、学习——让我的成长得到了不断的超越

幼儿教育的春天到来了，各种国培、省培、园培、名师工作室等专业培训，让我如饥似渴地汲取着，学习成为我前行的动力，虚心求教，有疑必问，博采众长，不断地打破，不断地提升，不断地超越。

阅读也是学习的一种方式，除了参加各种培训外，我还订阅了各种幼教类的杂志、报刊，专业读物，在工作中遇到的疑惑和问题都能及时找到合适的方法解决，提升了工作效率。我的精神世界得到了满足，幸福感油然而生。

四、实践——让我的成长速度不断提升

实践对于我们幼教一线的教师来说尤为重要，在实践中我们会发现问题，探索问题，解决问题。解决问题的过程中也是成长的一部分，而且很厚重。

在平时的教育教学中，通过解决教学中遇到的困惑问题，关注自己的实践，不断反思自己的经验，并在和领导、同事相互探讨中不断提高自己的业务水平。这种能量的积累让我越来越快乐，虽然时间越来越紧，但内心很充实，很幸福，回过头来才发现自己成长的速度越来越快，正因此，说明我们幼儿教育的发展速度也是一日千里。

五、反思——让我的成长体验到了成功的快乐

能力最终的落脚点应该是反思和创新，每位老师都要有思考的能力、创新的能力。在年复一年日复一日的工作中，我体会到做合格的幼儿教师与优秀的幼儿教师的差别，身边无数的优秀教师榜样，让我有了新的目标，知道了自己前行的方向，除了有一定的专业知识，有一定组织教学的能力外，还要不断的总结反思，然后进行整合、创新。

人的成长路上总会遇到一些“贵人”，而我的“贵人”就是每次在我懈怠的时候助推我前行的人，从幼儿园的大型活动设计方案到公众号新闻稿件，克制了自己的懒惰，治愈了各种借口拖延，开始了反思总结书写新旅程，成长带来发自内心的快乐。

“起始于辛劳，收结于平淡”是对我们教育工作者人生现实的写照。每天沐浴着太阳的光芒，呼吸着雨露的清香，在那些活力四射的孩子身上感受生命的神圣美丽，或许我干不出惊天动地的伟业，但追求着本身就是美丽的。只要我们心中依然装着美，追求着美，我们就是美丽的。

回首自己这些年的成长经历，我觉得一个教师的成长离不开四个因素：自我实践与反思、同伴交流与互助、大家的支持与帮助、校园文化熏陶与影响。成长的路还有很长很长，今天，虽然取得了一点成绩，但我很清醒地认识到，前路仍面临着很多的困难和问题，和理想的教育相比，还有很大的差距。但是，有距离并不可怕，有距离就意味着一个人还有继续发展的空间。不管今后的道路有多么艰难，我也会矢志不渝地走下去，为了幼儿的健康发展，也为自己理想的人生，我愿意奉献出我所有的智慧和青春！

总结十七　个人成长故事

舞阳县示范幼儿园　王伟琴

我叫王伟琴，1998年7月毕业于郑州幼儿师范学校，毕业至今一直在舞阳县示范幼儿园工作！作为工作23个年头的幼教人，我时刻要求自己，和年幼的孩子们在一起，要善于观察每一个孩子，发现他们不同的个性特点，发现他们的点滴进步，关注他们的心理活动，关注他们的情绪变化，并随时记录，反思，探索，总结经验，跟孩子一起成长，共同进步！随着社会的不断发展，教育理念在不断更新。作为一名老教师，保教职责重大，身心倍感压力，更加迫切地需要让自己具有一双敏锐的眼睛和细致的心灵。为了适应孩子的求知需求，跟上时代前进的节奏，运用前沿的科学育儿理念，只有不断学习，给自己充电，及时补充自己的知识能量，才不至于感到自身的教育储备"捉襟见肘"。

2017年6月，我有幸加入了中原名师弯丽君幼儿教育工作室。作为工作室的成员，有机会在漯河市市直幼儿园不定期参加教师集中研修活动。弯老师常说："一个人可能走得很快，一群人会走得更远，学习，我们永远在路上。"因为非常感恩能身处在这样一个优秀的团队中，所以我更加用心地把握着每次的学习机会，在弯丽君老师的带领下，依据名师工作室实施方案相关精神为总的指导思想，进一步落实和贯彻工作室发展目标，认真履行工作室成员的义务，并以各类活动为契机，力争做到认真踏实地学习，兢兢业业地工作，努力提高自身教育教学水平，不断增强自身能力和专业素养，潜心研究，努力进取。

名师工作室里卧虎藏龙，省名师和省骨干教师阵容强大，受她们的感召，2018年我申报了"河南省骨干教师"这个荣誉，在河南省教育厅教师〔2018〕530号文的通知中，我被确定为河南省骨干教师培养对象。在省教育厅的安排下，2018年7月18日—21日我到新乡参加为期四天的省骨干教师集中培训学习。11月28日—30日，我到郑州市参加2018年省名师骨干教师培育对象第一次集中跟岗研修活动。跟岗培训，让我看到了中原名师辛勤耕耘所收获成果的精彩和辐射引领的责任担当；在中原名师的身上，我学到了用谦卑的心态，多读专业的好书，可以让自己的幼教工作做得更好！2020年4月22日顺利地通过了评审，河南省教育厅给我颁发了“河南省骨干教师”荣誉证书。

原来，我看到好的文章，就赶紧用笔记录，由于方法笨拙速度慢，很多时候会记录不全，甚是苦恼。工作室的姐妹教给我一项文字扫描的技术，此后，我的记录做得全面又高效。原本，我不会制作活动总结的美篇，工作室的姐妹给我讲解详细的方法步骤，现在，我也可以熟练地制作出美篇作品。最初，我的文字功底差，分在文字组，内心很忐忑，每逢写文字材料，我都底气不足。每次作品，我都得麻烦工作室的姐妹帮我指导。难忘2020年12月25日当天，在制作中原名师弯丽君幼儿教育工作室开展漯河市幼儿园安全教育观摩研修活动的美篇时，弯园长不厌其烦地先后十次给予我指导和帮助，从当天下午美篇初步成形至第二天早上美篇的分享，让我看到了中原名师弯丽君园长追求完美、严谨认真的做事态度和对后辈循循善诱、和蔼可亲的师者风范！

百尺竿头，更进一步！我积极参与弯丽君园长精心组织的各项线上线下的学习培训活动，不断提高自己的专业化水平，紧跟时代发展的步伐，以专业标准为标准，规范自己的言行，努力学好保教知识，提高保教能力。在工作中以幼儿为本，遵循幼儿身心发展的规律，将幼儿的安全放在首位，把一切不安全的因素排除干净，防患于未然，为幼儿的健康成长保驾护航。用心搞好家园共育工作，携手家长给予孩子高质量的温馨陪伴，赢得了同行的赞许，领导的肯定，家长的尊重和孩子们的喜爱以及社会的认可！

辛勤耕耘，必会硕果累累！在平凡的工作岗位上，我也收获了一些荣誉：省骨干教师、市优秀班主任、市师德先进个人、市中小学幼儿园骨干教师、县优秀教师、县优秀共产党员、“舞阳县教学标兵”；参与的省级课题“幼儿园生活化、游戏化课程研究”已结项；参与的市级课题“幼儿园绘本教学高效课堂研究”获市级优秀成果二等奖；案例《格格不入的插班生》获县一等奖；优质课《春天的花》获省二等奖、《彩虹的尽头》获县一等奖；所带班级被评为县文明班级。

幼儿教育工作没有最好，只有更好！我要以中原名师弯丽君老师为学习的好榜样，不断提升自己的人格魅力、学识魅力，注重笔头的整理与总结，形成自己独特的教学风格，在县级层面上起到一定的辐射作用。

“路漫漫其修远兮，吾将上下而求索！”我要紧随名师工作室前进的步伐，朝着自己的目标去努力，去付出，去奉献，让自己在幼教这片蔚蓝而广阔的天空中自由翱翔！

总结十八　在熏陶中快速成长，在实践中提升自我

临颍县县直幼儿园　赵　霜

已加入“弯丽君工作室”三年了，这三年中的每一个日子都仿佛历历在目，这三年中的每一个时刻对我来说都弥足珍贵。作为一名年轻教师，“弯丽君工作室”对我来说不仅仅是一个温暖的大家庭，还是促进我成长的沃土和摇篮。在弯园长的带领和其他优秀同事的感染下，我也逐渐养成了上进好学，开拓创新的好习惯，也在熏陶中快速成长，在实践中提升了自我。现在我要对我自己这三年来的成长作一个总结，来促进我未来的成长。

一、领略熏陶，虚心成长

（一）向周围同事学习

还记得当初得知可以加入“弯丽君工作室”的时候，我的内心充满了激动和开心。激动的是我即将和这么多省级名师、省级骨干教师等优秀教师成为同事，开心的是每位同事都非常地热情友善，尽可能地帮助着我。在工作室中，我被弯园长的谆谆教导而感动，也被优秀同事们的谈吐和见识而折服。每次举办活动之前，热情的工作室同伴都会告诉我相关事宜，也会细心体贴地告知我注意事项。由于刚刚进入工作室，我有一些不适应，便常常跟工作室其他老师聊天，从他们过往的经历中汲取可以促使我进步的东西，其他老师还常常给我有用的建议。

在工作室中，我参加了很多的工作室联盟活动、跟岗培训、专家讲座等培训；在培训中我常常会琢磨专家和同事们先进的教学手段，进行思考和探索，争取在耳濡目染中提升自我，和优秀的同事们在一起，受着周围人良好

工作作风和端正工作态度的熏陶，我也逐步地成长，自身的能力也得到了提高。未来我将更加珍惜跟优秀同事一起共事的机会和时光，做到“多学、多问、多思”，争取向同事们看齐。

（二）利用先进平台向专家们学习

加入工作室以后，我才认识并且了解到了CCtalk网络平台。通过这个平台，我可以在线观看国内外知名幼教专家的讲座，我也从中汲取到了很多的养分，改变了原先的一些看法，对于幼教这件事情又有了新的认知。曾经的我总是认为只要我能够掌握优良的教育方法，用心去教，这就是最好的教育。

但是在CCtalk平台中，闫学老师的一句话令我受益匪浅，他说：“教育不是一蹴而就的，因为我们面对的是复杂、鲜活的生命个体。”听完这句话我顿时就恍然大悟，忽然就明白自己不能够只用单一的手段去进行教学，而应该从孩子出发来教育。看完讲座后，我又细细思考了这句话，更加觉得身为幼师的我要摒弃自己身上的浮躁，要让自己沉稳下来，做世界上最有耐心的人，这样才能够做好教育。

（三）在阅读中学习

加入工作室以后，弯园长也非常鼓励我们阅读，身边很多的优秀同事也都有良好的阅读习惯。为此，我也读了很多有关幼师专业的书籍，其中《给教师的建议》令我受益匪浅。苏霍姆林斯基的那句：“要让儿童看见和体验到他们在学习上的成就，不要让儿童由于功课上的落后而感到一种没有出路的忧伤，而感到自己低人一等。”带给我很大的震撼。在此前的工作中我从来没有想到这样深刻的问题。全书都在强调要给幼儿尊严，不能够打压他们的自信。

细细想想，确实如此。反观现在，很多的幼儿在很小的年纪就会有“厌学情绪”，在他们最有好奇心的时候，本该是接受知识的最好时期，他们却抗拒学习，拒绝学习。究其原因，是因为他们没有体会到学习的快乐。换句话说，就是他们在学习中没有体会到尊严。而作为教师，我们就是幼儿学习上的第一个指路人。若非阅读，我可能还没有意识到这一问题，因此我给自己制定了阅读的目标，每天不管多忙多累，都必须抽出时间阅读二十分钟，养成阅读的习惯。他们都已经成为从课本上转移到我的心中，内化成了我的知识，也是我未来成功路上的垫脚石。

二、重视实践，提升自我

（一）将所学知识应用到教学中，做孩子信任的老师

闫学老师曾经说过：“当幼儿感觉到自己被信任、被尊重、被寄予良好的愿望，当幼儿感觉到你内心深处的善意，教育就有了成功的前提。”与工作室同事细细探讨过这句话，我们都认为应该更加注重与幼儿相处的方式以及和他们说话的语气。因为幼儿其实就像娇嫩的花朵，比起成人来，他们单纯的多，也要脆弱得多，很可能会因为一些话语或者方式而受到伤害。

为了保护每一个幼儿的自尊心，在与工作室同事探讨和研究以后，我采用了“夸赞式和鼓励式”教学。在工作中，当幼儿在学习或者是生活习惯上做得好的时候，我会给予他们大大的表扬，还会给他们发小红花，满足他们的骄傲心理。当幼儿在学习和生活习惯上表现得不够好的时候，我会先挑出幼儿做得好的地方进行夸赞，而后再微微地给幼儿提一下意见。经过一段时间的“夸赞式和鼓励式”的教学，我发现他们更加的信任我，他们也更加的活泼开朗，更愿意去展现自己。

（二）注重教学质量，做一名合格班主任

随着教学经验的积累以及教学能力的不断提高，我也成为一名班主任。秉承着“弯丽君工作室”积极进取的工作作风，我立马向有做班主任经验的老师“取经”，还将其他老师的经验之谈记下来作为笔记，以供后来翻看琢磨。除此之外，我还细细阅读了《幼儿园班级管理》这本书，其中“我们的班级生活应该为孩子们留下温馨的记忆”“集体的舆论既是教育的手段，也是教育目标”都给我在之后班主任的工作中提供了理论指导。

除此之外，之前在CCtalk网络平台上跟着专家学者们学习到的“家庭教育”也派上了用场。幼儿园教育与家庭教育应该相辅相成，幼教老师和家长也应该多多地交流。为此我常常会跟班级的家长进行沟通反馈工作，将幼儿在班级中的表现及时地告知家长，为幼儿的每一步都保驾护航。

三、“温故知新”，反思才能提高

在“弯丽君工作室”这个大家庭中，我学会的其实不仅仅是教学方法，更多的还是一种端正的工作态度和良好的工作作风。受优秀同事的感染，我也养成了反思的习惯。在之前的工作室培训和活动中，我常常见到工作室老

师在听讲座时奋笔疾书，起初的我很不解，后来才发现这样可以方便回去之后复盘再学习，因为一堂讲座其实知识量是特别丰富的，只是听讲的话并不能消化吸收掉所有的精华，因此复盘非常重要。

所以现在不管是在工作室活动还是在工作中，我每天回去都会对自己学习过的东西进行复盘和反思，现在我也试着对自己的教学进行复盘，在这一过程中我逐步提高着自己，也取得了可喜的结果。

在熏陶中快速成长，在实践中提升自我。辛勤的汗水必然会换来美丽的花朵，感激“弯丽君工作室”。我相信在弯园长的带领之下，我们工作室会越来越好，每一位同事的能力也会越来越强。

附 录

名师工作室累累硕果

个人成果

（参加名师工作室以来获得成绩：省、市、县/区级，以省市区教育行政部门为主，以证书为准，证书名，编号，发证单位，发证时间）

姓名	国家级	省级	市级	县区级	省级综合表彰	个人综合表彰	备注
弯丽君		成果“幼儿园一日活动安全教育的游戏研究”荣获一等奖 证书编号：豫教〔2018〕03031号 河南省教育厅 成果“幼儿园美工区活动与材料投放适宜性研究”荣获一等奖 证书编号：豫教〔2018〕05777号 河南教育厅 成果“幼儿园安全教育园本课程研究”荣获省级成果一等奖 证书编号：教豫〔2018〕22124号 河南省教育厅	成果《幼儿园日常安全隐患与管理策略的实践研究》荣获特等奖 漯河市社会科学优秀成果评奖委员会 漯河市第九批“专业技术拔尖人才” 中共漯河市委 漯河市人民政府		河南省高层次人才“中原千人计划”中原领军人才——中原教学名师 证书编号：ZYQR201810095 中共河南省委组织部 河南省人力资源和社会保障厅 中原名师 证书编号：教师〔2015〕1093号 河南省教育厅		

续表

姓名	国家级	省级	市级	县区级	省级综合表彰	个人综合表彰	备注
弯丽君		成果《基于中原名师培育工程有效引领名师成长的实践研究》荣获省级二等奖 证书编号：豫教〔2020〕248867 河南省教育厅 成果《幼儿园日常安全隐患与管理策略的实践研究》荣获省级优秀成果一等奖 证书编号：教教科〔2021〕249号 河南省教育厅			河南省教师教育专家 证书编号：教师〔2015〕890号 河南省教育厅 河南省教育系统先进工作者 河南省人力资源和社会保障厅　河南省教育厅 河南省教育厅优秀教育管理人才 证书编号：豫教〔2017〕34670号 河南省教育厅 河南省教育技术装备和实践教育专家 证书编号：〔2016〕06059 河南省教育厅		

续 表

姓名	国家级	省级	市级	县区级	省级综合表彰	个人综合表彰	备注
王丽亚		成果《大班幼儿建构游戏中科学探究能力培养的实践研究》荣获省级一等奖 证书编号：豫教〔2020〕21237 时间：2020年8月	教研案例《基于青年教师专业发展共同体构建的园本研修》荣获市级一等奖 证书编号：G〔2020〕0065 漯河市基础教育教学研究室 时间：2020年12月 论文《立足园本教研，促进教师专业成长》荣获市级一等奖 证书编号：G〔2018〕2667 漯河市教育局 时间：2018年5月			“先进个人” 证书编号：G〔2020〕28号 漯河市教育局 时间：2019年1月	

续表

姓名	国家级	省级	市级	县区级	省级综合表彰	个人综合表彰	备注
李哲	“第六届全国儿童安全主题教育优秀指导奖” 中国下一代工作委员会公益文化中心 2018年12月	“省级课题结项证书” 结项编号：2020JKZDJ021 河南省教育科学规划领导小组办公室 2020年9月	“园本教研优秀案例” 证书编号：G〔2020〕0069 漯河市基础教育教学研究室 2020年12月	“郾城区教育系统读一本好书征文比赛”三等奖 漯河市郾城区教育局 2019年12月		“郾城区青年骨干教师” 文件编号：郾教〔2021〕23号 漯河市郾城区教育局 2021年5月	
						“区级德育先进个人” 证书编号：G〔2020〕068 漯河市郾城区教育局 2020年8月	
				证书编号：郾教KT〔2020〕12月 漯河市郾城区教育局 2020年12月		“区级文明班级” 文件编号：郾教〔2020〕27号 漯河市郾城区教育局 2020年6月	

续 表

姓名	国家级	省级	市级	县区级	省级综合表彰	个人综合表彰	备注
龚晓莹	中国家庭教育指导师 中国青少年研究会 2015年7月		“漯河市家庭成长行动”专家宣讲团成员 漯河市人民政府妇女儿童工作委员会办公室 漯河市妇女联合会 2019年9月		“河南省中小学幼儿园名师” 证书编号：豫教〔2019〕2922号 河南省教育厅 2019年5月	“市级先进个人” 证书编号：G〔2020〕45 漯河市教育局 2020年3月	
			优秀教学论文《不受欢迎的客人》 证书编号：G〔2016〕4177 漯河市教育局 2016年8月				
			基于“青少年教师专业发展共同体构建”优秀案例 证书编号：G〔2020〕0065号 漯河市基础教育教学研究室 2020年12月			“市级师德先进个人” 漯河市总工会 漯河市教育局 2015年8月	

续表

姓名	国家级	省级	市级	县区级	省级综合表彰	个人综合表彰	备注
龚晓莹			优秀教育教学研究成果“大班语言活动《摇篮》” 证书编号：15210445 河南省基础教育教学研究室 2015年10月				
			优秀教学论文《被“冷落”的老师》 证书编号：G〔2020〕2865 漯河市教育局 2020年8月			“2019年度中小学德育工作先进个人” 证书编号：G〔2020〕461 漯河市教育局 2020年5月	
			优秀教学论文《大班科学区活动材料投放的策略与反思》 证书编号：G〔2018〕2665 漯河市教育局 2018年5月				

续 表

姓名	国家级	省级	市级	县区级	省级综合表彰	个人综合表彰	备注
龚晓莹			优秀教育教学成果《浅谈幼儿园礼仪教育的实施与养成策略》 证书编号：G〔2018〕4986号 漯河市教育局 2018年9月				
杨晓勤			《幼儿园区角活动与本土材料投放的研究》荣获二等奖 证书编号：G〔2017〕5551号 发证单位：漯河市教育局	县优质二等奖《多彩的纸巾》 证书编号：2017-26-241 发证单位：舞阳县教育科技体育局			
			观摩活动一等奖《舞阳农民画》 证书编号：G〔2017〕857 发证单位：漯河市教育局	县优质二等奖《小威向前冲》 证书编号：2016-23-080 发证单位：舞阳县教育科技体育局		2017—2018年被评为县级优秀班主任 证书编号：〔2018〕20-29 发证单位：舞阳县教育科技体育局	

续表

姓名	国家级	省级	市级	县区级	省级综合表彰	个人综合表彰	备注
杨晓勤			市优质课二等奖《五彩银柳》 证书编号：G〔2018〕2295 发证单位：漯河市教育局			2017—2018年被评为县级优秀教师 证书编号：舞文〔2018〕65号 发证单位：中共舞阳县委 舞阳县人民政府	
秦小兵		玩教具制作《多变城堡》省级一等奖 证书编号：〔2018〕12711 河南省教育厅 2018年 8月	园本教研案例《微格教研——集体教学活动的课堂评价》二等奖 证书编号：G〔2020〕0078 漯河市基础教育教学研究室 2020年12月			“漯河市市级优秀班主任” 证书编号：G〔2020〕3689 漯河市教育局 2020年9月	
			课题《基于幼儿园日常活动中的幼儿生命教育实践研究》 证书编号：G〔2020〕5986号 漯河市教育局 2020年12月				

续 表

姓名	国家级	省级	市级	县区级	省级综合表彰	个人综合表彰	备注
秦小兵		美术课《独一无二的你》二等奖 证书编号：豫教〔2019〕41424 河南省教育厅 2019 年 7月	“漯河市幼儿园教师教育案例分析”比赛一等奖 证书编号：G〔2020〕5992 漯河市教育局 2020年12月				
		河南省教师教育案例分析比赛三等奖 证书编号：豫教〔2021〕07750 河南省教育厅2021年3月	漯河市教育系统优质课“独一无二的你”一等奖 证书编号：G〔2019〕1640 漯河市教育局 2019年7月				
			漯河市优秀教学论文评比“教师如何在幼儿园一日生活中影响幼儿积极情绪情感发展”二等奖 证书编号：G〔2020〕2886 漯河市教育局 2020年8月				

续表

姓名	国家级	省级	市级	县区级	省级综合表彰	个人综合表彰	备注
赵丽敏	《区域活动中幼儿深度学习的探究》在全国教育管理理论与实践创新论坛获一等奖 证书编号：ZG13087 发证单位：全国教师科研总课题、全国教育科学总课题、全国教育管理理论实践论坛 发证时间：2020年5月	案例《小超市“变奏曲”》获河南省幼儿园教师实录型游戏二等奖（城市组） 证书编号：豫〔2019〕25997	漯河市幼儿园教师教育案例分析比赛活动中讲授的《小组分享时的尴尬》荣获二等奖 证书编号：G〔2020〕5998 漯河市教育局	2017年8月优秀社团 “学雷锋志愿者协会” 证书编号：G〔2020〕068 漯河市郾城区教育局		“模范班主任” 文件编号：郾教〔2016〕143号 漯河市郾城区教育局	
			漯河市实录型优秀游戏活动案例比赛中荣获一等奖 证书编号：G〔2019〕3942 漯河市教育局 时间：2019年	证书编号：郾教KT〔2020〕12月 漯河市郾城区教育局 2020年12月		2019年获得中国天籁童声少儿语言“优秀指导教师奖”发证单位：河南省广播电视台国际频道 时间：2019年	
			案例名称： “同伴对话互助成长一基于教儿教育课程改革，发现、推广典型案例，师发展需求的互助式教研活动”获漯河市园本教研案例二等奖				

续表

姓名	国家级	省级	市级	县区级	省级综合表彰	个人综合表彰	备注
赵丽敏			证书编号：G〔2020〕0070号 漯河市基础教育教学研究室				
			执教的优质课《我的探险之旅》被评为漯河市优质课评比一等奖。 证书编号：G〔2020〕4286 漯河市教育局 时间：2018年				
			成果名称：创设多种多样的体育活动促进幼儿健康成长的研究 获二等奖 证书编号：G〔2018〕5001号 漯河市教育局 时间：2018年				

续 表

姓名	国家级	省级	市级	县区级	省级综合表彰	个人综合表彰	备注
赵丽敏	《幼儿安全行为习惯培养的策略》在全国教育管理理论与实践创新论坛获一等奖，发证单位：国家教师科研法制教育总课题组、国家教育科学“十三五”总课题、全国教育管理理论实践论坛 发证时间：2020年8月； 编号：ZG13294		制作的多媒体教学课件《美丽的台布》被评为一等奖 证书编号：G〔2018〕4050 漯河市教育局 时间：2018年				
			制作的《赵丽敏空间》在漯河市中小学教师优秀学习空间评奖活动中，被评为一等奖。 证书编号：G〔2020〕221 漯河市教育局 时间：2020年				

续表

姓名	国家级	省级	市级	县区级	省级综合表彰	个人综合表彰	备注
赵海霞			漯河市幼儿园教师实录型优秀游戏活动案例比赛一等奖 证书编号：G〔2019〕3950 漯河市教育局 时间：2019年九月	2019—2020学年被评为县优秀教师 证书编号：2020084 临颍县人民政府 时间：2020年9月			
			典型案例《幼儿户外多元游戏梯进教研之探》荣获市级二等奖 证书编号：G〔2020〕0079 漯河市基础教育教学研究室 时间：2020年12月	2018—2019学年被评为县级优秀班主任 证书编号：JC〔2019〕060 临颍县教育局 时间：2019年8月			
			漯河市幼儿教育教学教研先进个人 证书编号：G〔2021〕164 漯河市教育局 时间：2021年1月	2016—2017学年被评为县级优秀班主任 证书编号：JC〔2017〕053 临颍县教育科技体育局 时间：2017年8月			

续表

姓名	国家级	省级	市级	县区级	省级综合表彰	个人综合表彰	备注
赵海霞			优质课《我爸爸》荣获市级一等奖 证书编号：G〔2017〕3611 漯河市教育局 时间：2017年9月	优质课《树叶》荣获县级一等奖 JY〔2019〕1310 临颍县教育局 时间：2019年12月			
郑娟		课程《赶走不开心》荣获省级二等奖 证书编号： 豫教〔2017〕36859号 河南省教育厅 时间：2017年11月 论文《大班教学材料投放的调整与反思》荣获省级一等奖 证书编号：162110496 河南省基础教育教学研究室 时间：2016年10月	课题《幼儿园区域活动中幼儿规则意识与自我管理能力养成的实践研究的研究报告》荣获市级一等奖 证书编号：G〔2020〕0065 漯河市教育局 时间：2018年12月			“漯河市第十批专业技术拔尖人才” 中共漯河市委、漯河市人民政府 时间：2018年12月 “先进个人” 证书编号：G〔2018〕13 漯河市教育局 时间：2018年1月	
张抗抗			论文《幼儿园区域活动后的分享与评价策略建议》荣获市级一等奖 证书编号：G〔2019〕2105 漯河市教育局 时间：2019年7月			“先进个人” 证书编号：G〔2017〕045 漯河市教育局 时间：2017年1月	

续表

姓名	国家级	省级	市级	县区级	省级综合表彰	个人综合表彰	备注
张洁						“骨干教师” 证书编号： G〔2020〕1号 舞阳县教育局 时间：2020年5月 “优秀教师” 舞文〔2019〕 70号 舞阳县人民政府 时间：2019年9月 “优秀班主任” 证书编号：G 〔2019〕3632 漯河市教育局 时间：2019年9月 “漯河市教学标兵” 证书编号： 〔2020〕G0163号 漯河市教育局 时间：2020年9月	

续表

姓名	国家级	省级	市级	县区级	省级综合表彰	个人综合表彰	备注
路雪萍		成果《幼儿园一日活动安全教育的游戏研究》荣获一等奖 证书编号：豫教〔2018〕03031号 河南省教育厅 时间：2018年6月 建构游戏《我心中的小学》荣获省级三等奖 证书编号：豫教〔2019〕26039号 河南省教育厅 时间：2019年9月 课程《赶走不开心》荣获省级二等奖 证书编号：豫教〔2017〕36859号 河南省教育厅 时间：2017年11月	微课《妈妈去医院了》荣获市级一等奖 证书编号：G〔2020〕4189 漯河市教育局 时间：2020年9月 中班韵律活动《神奇的小闹钟》荣获市级一等奖 证书编号：G〔2017〕314号 漯河市教育局 时间：2017年9月 活动《有趣的纸牌》荣获优秀奖 证书编号：G〔2019〕429 漯河市教育局 时间：2019年2月 大班语言《国王生病了》荣获市级二等奖 证书编号：G〔2017〕3619			“漯河市教学标兵” 证书编号：〔2020〕G0157号 漯河市教育局 时间：2020年9月 “漯河最美教师” 证书编号：G〔2017〕4247 漯河市教育局 时间：2017年9月	

续 表

姓名	国家级	省级	市级	县区级	省级综合表彰	个人综合表彰	备注
路雪萍			漯河市教育局 时间：2017年9月 大班健康教育《赶走不开心》荣获市级一等奖 证书编号：G〔2017〕3598 漯河市教育局 时间：2017年9月 课程《包装袋的秘密》荣获市级一等奖 证书编号：G〔2016〕3900 漯河市教育局 时间：2016年8月 成果《中班幼儿建构游戏的支持性策略实践研究》荣获市级一等奖 证书编号：G〔2018〕485号 漯河市教育局 时间：2018年12月				

续 表

姓名	国家级	省级	市级	县区级	省级综合表彰	个人综合表彰	备注
路雪萍			作品《不忘初心 立德树人 做李芳式好老师》荣获市级一等奖 证书编号：G〔2018〕6654 漯河市教育局 时间：2018年12月 课程《舞动的小水杯》荣获市级一等奖 证书编号：G〔2018〕2249 漯河市教育局 时间：2018年5月				
王伟琴			课题“幼儿园绘本教学高效课堂研究”荣获市级二等奖 证书编号： G〔2017〕5753漯河市教育局 时间：2017年12月		“河南省骨干教师” 证书编号：豫教〔2020〕6008 河南省教育厅 时间：2020年4月	“学前教育先进个人” 证书编号： G〔2020〕467 漯河市教育局 时间：2020年5月	

续 表

姓名	国家级	省级	市级	县区级	省级综合表彰	个人综合表彰	备注
赵霜	作品《浅谈幼儿美术教育》荣获国家二等奖 编号：CN-1405-NO.8-J5826 中国教师教学研究会 时间：2014年5月	作品《多变机器人》荣获省级二等奖 证书编号：豫教〔2018〕12782号 河南省教育厅 时间：2018年8月 作品《多面屋》荣获省级二等奖 证书编号：豫教〔2018〕12783号 河南省教育厅 时间：2018年8月	论文《留守幼儿卫生习惯问题及对策》荣获市级二等奖 证书编号：G〔2018〕2726漯河市教育局 时间：2018年5月			“三八”红旗手 证书编号：FL〔2020〕095 临颍县教育局 时间：2020年3月 “县优秀教师” 证书编号：2019252 临颍县人民政府 时间：2019年9月	

续表

姓名	国家级	省级	市级	县区级	省级综合表彰	个人综合表彰	备注
刘娟	作品《探析幼儿教育中的语言表达能力培养》荣获国家一等奖 证书编号：ZG13084 国家教育科学“十三五”总课题 时间：2020年1月	优质课《小熊的家具》荣获省级三等奖 证书编号：豫教〔2015〕26176号 河南省教育厅 时间：2015年10月 大班社会活动《保护大树》荣获省级二等奖 证书编号：15210447 河南省基础教育教学研究室 时间：2015年10月	大班科学活动《纸绳力量大》荣获市级二等奖 证书编号： G〔2015〕2630 漯河市教育局 时间：2015年9月 课件《保护树木》荣获市级二等奖 证书编号： G〔2016〕1751 漯河市教育局 时间：2016年8月				

续表

姓名	国家级	省级	市级	县区级	省级综合表彰	个人综合表彰	备注
马林		论文《孜孜不倦育人才 身体力行树师德》荣获省级二等奖 证书编号：豫教〔2019〕19065号 河南省教育厅 时间：2019年9月 课题“幼儿园数学区活动与材料投放适宜性研究”荣获省级成果一等奖 证书编号：豫教〔2020〕385号 河南省教育厅 时间：2020年10月	大班科学活动《纸绳力量大》荣获市级二等奖 证书编号： G〔2015〕2630 漯河市教育局 时间：2015年9月 作品《立德树人 美丽教育》荣获市级一等奖 证书编号： G〔2016〕7387 漯河市教育局 时间：2016年12月 作品《加强德育教育 促进幼儿健康成长》荣获市级一等奖 证书编号： G〔2017〕460 漯河市教育局 时间：2017年3月			“先进个人” 证书编号： G〔2017〕717 漯河市教育局 时间：2017年4月 “优秀辅导教师” 证书编号： G〔2018〕4611 漯河市教育局 时间：2018年9月 “先进个人” 证书编号： G〔2018〕6850 漯河市教育局 时间：2018年12月	

续表

姓名	国家级	省级	市级	县区级	省级综合表彰	个人综合表彰	备注
马林			作品《为中国梦而拼搏的幼儿教育工作者》荣获市级一等奖 证书编号： G〔2018〕6212 漯河市教育局 时间：2018年12月 论文《幼儿园开展安全教育的有效策略》荣获市级一等奖 证书编号： G〔2019〕2106 漯河市教育局 时间：2018年12月 小班歌唱《小蝌蚪找妈妈》荣获市级一等奖 证书编号： G〔2020〕2451 漯河市教育局 时间：2020年8月				

续表

姓名	国家级	省级	市级	县区级	省级综合表彰	个人综合表彰	备注
徐南		大班科学活动《我是小侦探》荣获省级三等奖 证书编号：15210451 河南省基础教育教学研究室 时间：2015年10月 课题“幼儿园一日活动安全教育的游戏研究”荣获省级一等奖 证书编号：豫教〔2018〕03031号 河南省教育厅 时间：2018年6月	学生社团《体育运动社》荣获市级一等奖 证书编号： G〔2015〕4078 漯河市教育局 时间：2015年8月 课题“天天都有好心情”荣获市级二等奖 证书编号： G〔2019〕3915 漯河市教育局 时间：2016年8月 课件《神奇的汉字》荣获市级一等奖 证书编号： G〔2016〕1659 漯河市教育局 时间：2016年8月 课题《大班幼儿社会交往能力的指导策略实践研究》荣获市级二等奖 证书编号：		“河南省中小学幼儿园名师” 证书编号：豫教〔2019〕2918号 河南省教育厅 时间：2019年5月	“先进个人” 证书编号： G〔2016〕270 漯河市教育局 时间：2016年9月 “优秀教师” 漯河市教育局 时间：2016年9月 “先进个人” 证书编号： G〔2017〕663 漯河市教育局 时间：2017年4月 “师德先进个人” 证书编号： G〔2018〕5126 漯河市教育局 时间：2018年10月 “李芳式好老师”	

续表

姓名	国家级	省级	市级	县区级	省级综合表彰	个人综合表彰	备注
徐南			G〔2018〕6586 漯河市教育局 时间：2018年12月 论文《竞技游戏中安全习惯的培养》荣获市级二等奖 证书编号： G〔2020〕2867 漯河市教育局 时间：2020年8月			证书编号： G〔2018〕6594 漯河市教育局 时间：2018年12月 “师德标兵” 漯河市教育局 时间：2019年7月	
刘晓庆			幼儿园亲子游戏案例比赛《丰收乐乐》二等奖 证书编号：G（2020）6063 漯河市教育局 2020年12月			“师德标兵” 漯河教育局 市文明办，总工会 2017年12月	
						“语言文字先进个人”证书编号：G〔2021〕261 漯河市教育局 市语言文字工作委员会 2021年2月	

团队突出成果

（名师工作室以来获得成绩：省、市、县/区级，以省市区教育行政部门为主，以证书为准，证书名，编号，发证单位，发证时间）

姓名	省级	市级	县区级	省级综合表彰	备注
主持人：弯丽君 成员：郑　娟　龚晓莹 徐　南　路雪萍 刘　娟	河南省教育科学规划领导小组办公室 证书号：2017-GH-284-322			河南省教育科学规划一般课题：《幼儿园美工区活动与材料投放适宜性研究》	
主持人：弯丽君 成员：郑　娟　龚晓莹　刘　娟 路雪萍　徐　南	河南省教育厅 证书号：豫教〔2017〕18128			《提升幼儿园区域活动环境创设适宜性的实践研究》	
主持人：弯丽君		漯河总工会授予：《基于学前教育创新前瞻性的研究成果》荣获漯河市职工技术创新成果特别奖			
主持人：弯丽君		漯河市教育局颁发《幼儿园一日生活中的安全教育》成果一等奖 证书编号：G〔2018〕618			

续 表

姓名	省级	市级	县区级	省级综合表彰	备注
弯丽君	河南省教育厅 证书编号：教豫〔2018〕22124号			《幼儿园安全教育园本课程研究》荣获教育干部培训暨学校管理优秀科研成果奖（著作）	
主持人：弯丽君 成员：袁玉萍 路雪萍 徐 南 宗焕琴 李 青	河南省教育厅 证书编号：豫教〔2018〕03031			《幼儿园一日活动安全教育的游戏研究》荣获一等奖	
主持人：弯丽君 成员：郑 娟 龚晓莹 路雪萍 徐 南 刘 娟	河南教育厅 证书编号：豫教〔2018〕05777号			《幼儿园美工区活动与材料投放适宜性研究》荣获河南省教育科学研究优秀成果（研究报告）	
主持人：弯丽君 成员：王 涛 刘 梅 符 丽 张卫红 龚晓莹	河南省教育厅 证书编号：豫教〔2019〕20124			《基于中原名师培育工程有效引领名师成长的实践研究》	
主持人：弯丽君 成员：龚晓莹 马 林 袁晓燕 刘 娟 宋成玉 王 科 白 杨 赵丽敏 李 哲	河南省教育科学规划小组办公室 证书编号：2020JKZDJ021			《幼儿园日常安全隐患与管理策略的实践研究》重点课题	
主持人：弯丽君 成员：龚晓莹 马 林 袁晓燕 刘 娟 宋成玉 王 科 白 杨 李 哲 赵丽敏		《幼儿园日常安全隐患与管理策略的实践研究》荣获特等奖 漯河市社会科学优秀成果评奖委员会			
主持人：弯丽君 成员：王 涛 刘 梅 符 丽 张卫红 龚晓莹	河南省教育厅 证书编号：豫教〔2020〕248867			《基于中原名师培育工程有效引领名师成长的实践研究》荣获二等奖	